16	3	2	13
5	10	11	8
9	6	7	12
4	15	14	1

José Eli da Veiga

A DESGOVERNANÇA MUNDIAL DA SUSTENTABILIDADE

editora 34

EDITORA 34

Editora 34 Ltda.
Rua Hungria, 592 Jardim Europa CEP 01455-000
São Paulo - SP Brasil Tel/Fax (11) 3811-6777 www.editora34.com.br

Copyright © Editora 34 Ltda., 2013
A desgovernança mundial da sustentabilidade © José Eli da Veiga, 2013

A FOTOCÓPIA DE QUALQUER FOLHA DESTE LIVRO É ILEGAL E CONFIGURA UMA
APROPRIAÇÃO INDEVIDA DOS DIREITOS INTELECTUAIS E PATRIMONIAIS DO AUTOR.

Capa, projeto gráfico e editoração eletrônica:
Bracher & Malta Produção Gráfica

Revisão:
Alberto Martins
Beatriz de Freitas Moreira

1ª Edição - 2013

CIP - Brasil. Catalogação-na-Fonte
(Sindicato Nacional dos Editores de Livros, RJ, Brasil)

V724d
Veiga, José Eli da, 1948
  A desgovernança mundial da
sustentabilidade / José Eli da Veiga. — São Paulo:
Editora 34, 2013 (1ª Edição).
152 p.

ISBN 978-85-7326-518-7

1. Desenvolvimento sustentável - Aspectos
políticos. 2. Ecologia. 3. Economia ambiental.
4. Governança global. I. Título.

CDD - 333.7

A DESGOVERNANÇA MUNDIAL DA SUSTENTABILIDADE

Prólogo 9
1. Governança global do desenvolvimento 13
2. Governança ambiental global 45
3. Consequências, projeções e previsões 79
4. Dá para entender? 107
Epílogo 131

Tabelas 135
Bibliografia 140
Agradecimentos 150
Sobre o autor 151

para a Gi

PRÓLOGO

A afirmação social desse novo valor que é a sustentabilidade tem ocorrido de forma muito mais consistente e rápida do que se poderia prever durante sua emergência, nos anos 1980, ou quando foi consagrado, no início dos 1990. Mesmo que os impactos concretos ainda sejam poucos, têm sido inegáveis as mudanças de atitude que esse valor vem provocando tanto no comportamento das pessoas, enquanto cidadãos ou consumidores, como no âmbito educacional e empresarial.

Essa recente aceleração chega a provocar um otimismo exagerado e até já foi elaborada, por grupo de empresas globais das mais responsáveis, uma estratégia com o objetivo de alcançar um "mundo sustentável" em 2050.[1] Nesse plano, haveria uma virada em torno de 2020, entre o que seriam os "anos de turbulência" e a "época da transformação". Tal expectativa está em contraste flagrante com o documento "O Futuro que Queremos", adotado na Rio+20, o maior evento já realizado pelas Nações Unidas.

Não se deve considerar uma anomalia histórica essa séria colisão entre mudanças comportamentais na sociedade civil, que chegam ao ponto de gerar uma miragem de conquista da sustentabilidade em quatro décadas, e o predomínio da tendência oposta nos comportamentos estatais. Afinal,

---

[1] Ver, na bibliografia deste volume, WBCSD (2010), CEBDS (2012).

essa tem sido a regra do processo civilizador: mudanças dos costumes precederam e engendraram o próprio surgimento do Estado-nação.

Muitos dos atores envolvidos nesse processo torcem para que a estimativa temporal do empresariado responsável não esteja muito equivocada, de modo que a sustentabilidade seja uma ambição realizável neste século. Entretanto, é mais provável que ela demande um gênero de transformação que tem somente dois precedentes: a formação de sociedades agrícolas, a partir de grupos neolíticos baseados na caça e na coleta, e a bem mais veloz industrialização, iniciada há pouco mais de dois séculos.

Tudo indica ser dessa magnitude a mudança necessária na relação entre sociedade e natureza para que o desenvolvimento humano se torne sustentável. Mesmo que não se pretenda, é disso que se trata quando se evoca a necessidade de profundas transformações nos padrões de produção e consumo. Ou quando se pensa na condução desse processo, pois há uma gigantesca diferença entre o caminho que poderá levar à sustentabilidade e as chamadas revoluções agrícola e industrial do passado. Desde o início, os novos desafios são principalmente globais.

A agricultura surgiu em algumas poucas regiões, das quais a mais estudada é o Crescente Fértil, entre os rios Tigre e Eufrates, tendo sido necessários mais de dez milênios para que fossem atingidos e alterados quase todos os ecossistemas terrestres. A industrialização, iniciada na Inglaterra do século XVIII, ainda nem transformou muitas das sociedades agrícolas, mas já foi capaz de causar os sérios impactos globais que fizeram emergir, no final do século XX, esse novo valor que é a sustentabilidade.

Questões como as mudanças climáticas, a erosão da biodiversidade ou a multiplicação de zonas oceânicas mortas devido ao excesso de nitrogênio são, antes de tudo, questões globais. Assim, por mais que o processo esteja em fase embrionária, ele permite absoluta certeza de que qualquer caminho para um mundo sustentável só poderá ser efetivo com um amplo número de ações globais.

O problema é que a condução do processo de desenvolvimento sustentável não pode resultar da mera coexistência de novas iniciativas de caráter ambiental e velhas ações de desenvolvimento, como ocorre desde a conferência de Estocolmo em 1972.

Essa é a questão para a qual este livro procura uma explicação, depois de descrever analiticamente esses dois processos paralelos e discutir os balanços científicos disponíveis sobre suas resultantes, com o objetivo de fornecer ferramentas imprescindíveis à reflexão de quem queira entender o sentido geral de ações específicas em favor da sustentabilidade.

Afinal, não há alternativa senão enfrentar o desafio de mudança com muita imaginação e desprendimento. Esperança que seria infundada se não houvesse indícios de que as próximas gerações estarão mais bem preparadas para essas tarefas do que seus pais. Elas certamente perceberão muito melhor a necessidade de preservar e recuperar os sistemas vitais que constituem a condição biogeofísica *sine qua non* do desenvolvimento.

1.
GOVERNANÇA GLOBAL DO DESENVOLVIMENTO

A expressão "governança global" começou a se legitimar entre cientistas sociais e tomadores de decisões a partir do final da década de 1980, basicamente para designar atividades geradoras de instituições (regras do jogo) que garantem que um mundo formado por Estados-nação se governe sem que disponha de governo central. Atividades para as quais também contribuem muitos atores da sociedade civil, além de, é claro, governos nacionais e organizações internacionais.[1]

Nesse sentido, uma governança global do desenvolvimento foi gestada desde a Paz de Versalhes, em 1919-1920, com a tentativa de reunir todas as nações no organismo que se mostrou o precursor da Organização das Nações Unidas (ONU), a Liga das Nações. Fruto das proposições liberais do presidente dos Estados Unidos Woodrow Wilson (1856-1924), o acordo anexado aos cinco tratados firmados nesse biênio foi o primeiro documento multilateral que se referiu explicitamente à necessidade de cooperação com tal finalidade, além de ressaltar as diferenças entre os "estágios de desenvolvimento" em que se encontravam os territórios do Império Otomano e as ex-colônias alemãs da África. No tex-

---

[1] Sobre o tema, ver Rosenau e Czempiel (2000), Finkelstein (1995), Comissão sobre Governança Global (1996) e Gonçalves (2011).

to se afirmava solenemente que o bem-estar e o desenvolvimento de todos esses povos constituíam "um sagrado dever da civilização".[2]

Todavia, desde a instalação da Liga em Genebra, em 1920, era possível perceber a impotência que essa organização internacional iria demonstrar durante a aparente calmaria do entreguerras, que na realidade foram "vinte anos de crise".[3] Com a negativa de ratificação dos tratados pelo senado americano, três das principais potências não se envolveram nessa mobilização, já que a Alemanha e a Rússia soviética (esta empenhada na reconstrução da Terceira Internacional Comunista) também não participavam.

Desse modo, seria exagerado apontar como referência essa gestação inicial de 1919-1920 para dizer que a governança global do desenvolvimento tem quase um século, embora tenham surgido nesse contexto algumas experiências práticas de cooperação plurilateral com tal propósito.[4] Tanto em termos político-ideológicos como práticos, a governança global do desenvolvimento somente nasceu, de fato, um quarto de século depois, com o reordenamento posterior à derrota do nazifascismo.

---

[2] Liga das Nações, na versão inglesa, ou Sociedade das Nações, na francesa. Os cinco tratados (Versalhes, Saint-Germain, Trianon, Neuilly e Sèvres) dispunham sobre desarmamento e segurança, delimitação de fronteiras na Europa e questões econômicas e financeiras. O pacto a eles anexado — "The Covenant of the League of Nations" — está disponível em <http://avalon.law.yale.edu/20th_century/leagcov.asp>.

[3] Título do clássico de Edward H. Carr, *Vinte anos de crise* (2001, publicação original *c.* 1939).

[4] Apesar de multilateralismo e plurilateralismo poderem ser entendidos como sinônimos, ao menos desde a criação da Organização Mundial do Comércio (OMC), em 1995, usa-se o primeiro termo para iniciativas com pretensão global e o segundo para as de natureza parcial, como são, por exemplo, os acordos regionais.

Favorecer condições de "progresso e desenvolvimento econômico e social" é uma das principais missões da ONU, prevista no artigo 55 da Carta adotada por seus 51 Estados fundadores ao final da longa Conferência de São Francisco, em 26 de junho de 1945.

Essa missão começou a ganhar corpo em 4 de dezembro de 1948, com duas significativas resoluções da Assembleia Geral (198-III e 200-III). Elas estabeleceram a divisão do trabalho entre o Conselho Econômico e Social (ECOSOC) e a Secretaria-Geral e enfatizaram a necessidade de que o também recém-criado Banco Mundial superasse dificuldades para que fossem feitos empréstimos aos países subdesenvolvidos, tratados eufemisticamente de "menos desenvolvidos".

Dois meses depois, em 20 de janeiro de 1949, o discurso inaugural do novo presidente dos Estados Unidos, Harry S. Truman (1884-1972), incluiu a promoção do desenvolvimento como seu quarto tópico. Os dois primeiros foram reafirmações de apoio à ONU e à reconstrução europeia mediante o Plano Marshall, que havia sido lançado dois anos antes. O terceiro foi o anúncio de criação da Organização do Tratado do Atlântico Norte (NATO), que ocorreu no dia 4 de abril. O texto a respeito do desenvolvimento se tornaria o célebre "Ponto IV", que deu início a uma verdadeira "Era do Desenvolvimento", segundo um de seus melhores historiadores.[5]

No entanto, o fato é que quatro anos antes já havia surgido o pacote de arranjos institucionais mais decisivos para os "gloriosos" trinta anos da chamada "Era de Ouro": o inédito e jamais igualado longo período de crescimento econômico com desenvolvimento humano, mesmo que profundamente desigual.

---

[5] Cf. Rist (1997, p. 71).

Multilateralismo

A histórica concertação que viabilizou tamanha proeza ocorreu nas primeiras três semanas de julho de 1944, quando 730 delegados das 44 nações aliadas lotaram os hotéis do lugarejo chamado Bretton Woods, uma bucólica estação de esqui do montanhoso estado de New Hampshire, extremo nordeste dos Estados Unidos. Ali surgiram as regras comerciais e financeiras adequadas a uma situação em que a capacidade produtiva, a demanda efetiva e as reservas de ouro se concentravam demais na enorme potência que haviam se tornado os Estados Unidos.

É difícil afirmar que tais acordos teriam sido suficientes para garantir período tão contínuo de alto desempenho socioeconômico global, como foram principalmente os 23 anos que separaram o início da Guerra da Coreia do fim da Guerra do Vietnã. Isso porque não há como isolá-los da influência do Plano Marshall na Europa, assim como do rearmamento geral contra a União Soviética, a partir de abril de 1950, quando o presidente Truman inaugurou as subsequentes quatro décadas de Guerra Fria. Contudo, com certeza tiveram imenso alcance histórico sob o prisma do desenvolvimento institucional.

As fórmulas que conseguiram vencer inúmeras resistências políticas, a começar pelo próprio Congresso dos Estados Unidos, resultaram essencialmente de parcial conciliação prévia entre as propostas britânicas, levadas por John Maynard Keynes (1883-1946), e as defendidas por Harry Dexter White (1892-1948), alto funcionário do Tesouro que chefiou a delegação americana. O primeiro teve de se curvar ao segundo em algumas decisões, mas os dois foram os artífices da dominação com liderança que fundamentou ao menos o quarto de século de completa hegemonia dos Estados Unidos na parte do mundo que resultou da histórica expansão europeia, geralmente chamada de "Ocidente".[6]

O pacto de Bretton Woods não negou as virtudes do livre comércio e do livre movimento de capitais, apenas assumiu-as como perspectivas de longo prazo, subordinadas às circunstâncias da soberania nacional. Reconheceu que os governos precisariam dar prioridade às pressões sociais e econômicas domésticas, mas que isso não impediria a paulatina afirmação de seus três principais desdobramentos: o Acordo Geral de Tarifas e Comércio (GATT), o Fundo Monetário Internacional (FMI) e o Banco Internacional de Reconstrução e Desenvolvimento (BIRD), embrião do grupo Banco Mundial.[7]

Surgiram desse modo as bases do multilateralismo contemporâneo, submetido a forte pressão adaptativa desde que os acordos de Bretton Woods foram atingidos pelos terremotos ocorridos na passagem para a década de 1970. A rigor, eles caducaram em 1971 com o abandono do sistema de paridades fixas entre o dólar americano e o ouro, bem como entre as principais moedas nacionais e o dólar, em favor de taxas de câmbio flexíveis ou flutuantes exigidas pela expansão financeira que gerou a crise do sistema criado em 1944. O fim da Guerra do Vietnã e a primeira grande crise do petróleo foram outros dois fatos suficientes para que o período

---

[6] Como o termo "hegemonia" é usado em sentidos bem diversos, é necessário esclarecer que neste livro ele será empregado somente para casos em que a dominação esteja estreitamente combinada a uma inequívoca capacidade de liderança, situações em que os dominados também tenham aderido ao projeto político do(s) dominante(s).

[7] Muitos detalhes sobre as negociações foram divulgados somente em 2012 no livro *The Bretton Woods Transcripts*, editado pelos economistas Schuler e Rosenberg, do Center for Financial Stability (CFS). Ver o relato feito por Andrade (2013). Quanto à importância e à adequação dos acordos de Bretton Woods, ver o quarto capítulo de Rodrik (2011).

Governança global do desenvolvimento

de seis anos que vai de 1968 a 1973 seja entendido como um momento de profunda virada histórica.

Coordenação minimalista

A etapa posterior foi marcada por três fenômenos que se encarregaram de liquidar por completo os arranjos institucionais que haviam regulado a "Era de Ouro" (1948-1973): globalização acelerada, desregulamentação financeira e novas tecnologias direcionadas ao virtual e ao imaterial. Essa conjuntura foi marcada pela informalidade, com ausência de normas e instituições adequadas à crescente diversidade entre as nações, bastante acentuada com a ascensão econômica e política de países que até a queda do muro de Berlim, no final de 1989, haviam pertencido ao chamado "terceiro mundo".

Houve aumento da volatilidade nos mercados financeiros e da instabilidade nos mercados energéticos, completada por agudo aumento dos preços das *commodities*, principalmente dos alimentos, às vésperas da crise global que se impôs no segundo semestre de 2008, embora ela tenha tido seu início em 2007.

Foi nesse período que o GATT se transformou em Organização Mundial do Comércio (OMC), que a União Europeia se expandiu e se fortaleceu, e que o sistema das Nações Unidas, bem ou mal, ajudou a evitar o caos, principalmente graças a um mínimo funcionamento de seu Conselho de Segurança. Simultaneamente surgiram propostas para a realização de um "novo Bretton Woods", embora em tais circunstâncias uma conferência global só poderia ser a culminância de um complexo processo que nem mesmo começara.[8]

---

[8] O projeto mais sistemático foi o de um grupo de estudos designado

Nenhum desses fatos deve impedir a constatação de que durante quarenta anos (1968-2008) o mundo passou por grave penúria no que se refere à gestão coordenada da ordem econômica internacional. Foram quarenta anos de coordenação minimalista das políticas macroeconômicas do Norte, em tentativas de aumentar a duração dos intervalos entre as crises.

Foi esse o papel previsto para o G-7, que a partir de sua 22ª cúpula (Lyon, 1996) passou a convidar representantes da ONU e do trio de Bretton Woods (FMI, BIRD e OMC).[9] Logo depois o grupo se tornaria G-8 com a entrada da Rússia, na 23ª reunião, realizada em Denver entre 20 e 22 de junho de 1997.

Ninguém esperava que, apenas alguns dias depois, houvesse o abalo que ficou conhecido como "crise asiática", cujo gatilho foi um duplo anúncio sobre a moeda tailandesa (bath), feito em 2 de julho de 1997. Desvalorizada em 15%, ela passaria a flutuar. Depreciações rapidamente se seguiram nas Filipinas, na Malásia e na Indonésia, atingindo surpreendentemente a própria Coreia do Sul, o único país que havia abandonado a periferia do sistema.

Esse abalo financeiro logo se transformou em ampla crise econômica, deixando claro o novo potencial de impacto adquirido por países da semiperiferia em ascensão, na qual

em 1982 pelos ministros de finanças do Commonwealth, cujo relatório foi publicado no ano seguinte com título que não poderia ser mais explícito: *Towards a New Bretton Woods: Challenges for the world financial and trading system* (The Commonwealth Secretariat, 1983). Continha uma agenda com onze recomendações imediatas, treze para os anos seguintes e seis para o longo prazo.

[9] Criado como G-6 em novembro de 1975, por iniciativa do presidente francês Valéry Giscard d'Estaing, e integrado por Alemanha, Estados Unidos, França, Itália, Japão e Reino Unido, um ano antes da adesão do Canadá.

obviamente se destacavam os países com maior extensão, como os cinco BRICS.[10]

As surpreendentes consequências da crise asiática convenceram os líderes do arranjo G-7/G-8 de que a coordenação das políticas econômicas não poderia mais prescindir de um fórum de diálogo que incluísse países "emergentes".[11] Foi assim que, em fins do século XX, surgiu o embrião do atual G-20, formado inicialmente apenas pelos ministros da área econômica e presidentes de bancos centrais de dezenove países[12] e da União Europeia, com participação do Banco Mundial e do FMI como observadores. Entre 1999 e o choque de setembro de 2008 foram realizadas nove reuniões anuais com esse perfil, antes que outra crise, ainda mais grave, levasse os chefes de Estado a se reunir em sua primeira cúpula em Washington. Nesse momento Obama já havia sido eleito, mas Bush ainda ocupava a Casa Branca.

---

[10] Os BRICS poderão ser seguidos pelos "Next-11", caso sejam confirmadas as projeções para 2050 do banco de investimentos Goldman Sachs. Os BRICS são: Brasil, Rússia, Índia, China e África do Sul. Os "N-11" poderão ser: Bangladesh, Coreia do Sul, Egito, Filipinas, Indonésia, Irã, México, Nigéria, Paquistão, Turquia e Vietnã.

[11] Tudo indica que foi muito persuasiva uma série de seminários realizados em Washington DC, entre novembro de 2005 e abril de 2006, sob o patrocínio da Brookings Institution. Análises sobre a necessidade de reformas no FMI, no Banco Mundial e na ONU levaram os participantes a apontar a urgência de transformar o G-8 em G-20. Os documentos estão em Bradford e Linn (2007).

[12] Onze países (África do Sul, Arábia Saudita, Argentina, Austrália, Brasil, China, Coreia do Sul, Índia, Indonésia, México e Turquia) se juntaram ao G-8 (Alemanha, Canadá, Estados Unidos, França, Itália, Japão, Reino Unido e Rússia).

Sete cúpulas

Um grupo de chefes de Estado com paridade numérica entre Norte e Sul, representando 85% do PIB e dois terços da população mundial, já promoveu entendimentos cuja importância talvez seja comparável somente aos de Bretton Woods. E com ainda mais razão após longo período de precaríssima coordenação mundial, ensaiada por estreito grupo de potências do Norte.

Com as primeiras cúpulas do G-20 desabrochava uma importante instância de governança de boa parte das grandes questões globais, principalmente as econômico-financeiras. Comparativamente, o mesmo papel que tem sido desempenhado pelo Conselho de Segurança da ONU na gestão mundial de conflitos bélicos internacionais. Claro, ambos claudicantes e relativamente impotentes, mas ainda assim indispensáveis.[13]

Certamente discordará dessa avaliação quem considere, por exemplo, que uma razoável governança global das questões econômicas e sociais que condicionam o desenvolvimento dependeria obrigatoriamente das principais instâncias da ONU. Todavia, é impossível que não se reconheça a importância das questões negociadas nas sete reuniões de cúpula que o G-20 realizou em apenas um quinquênio, sem as quais as da ONU nem poderiam ter ocorrido.[14]

---

[13] Depois da Coreia, houve mais de vinte guerras, em um total de ao menos 33 conflitos.

[14] Novembro de 2008 em Washington (EUA); abril de 2009 em Londres (Reino Unido); setembro de 2009 em Pittsburgh (EUA); junho de 2010 em Toronto (Canadá); novembro de 2010 em Seul (Coreia do Sul); novembro de 2011 em Cannes (França); e junho de 2012 em Los Cabos (México). As próximas estão agendadas para 2013 na Rússia, 2014 na Austrália e 2015 na Turquia.

As pautas dessas cúpulas narram uma maneira de interpretar o mundo que tende a gerar amplo consenso, mesmo que, em muitos casos, delas não tenham decorrido decisões efetivas. Os temas que chegaram a ser debatidos nessas sete cúpulas indicam quais são as questões consideradas prioritárias pelos atores que pretendem exercer governança econômica global nesse contexto de profunda crise, quase trinta anos depois do abandono da arquitetura institucional que tanto havia contribuído para o exorbitante quarto de século que representou o período 1948-1973.

Agenda pré-2015

É muito difícil propor uma síntese do desenrolar dos debates nessas sete cúpulas, pois suas declarações oficiais costumam variar entre as demasiadamente sucintas e as simplesmente lacônicas, em flagrante contraste com infindáveis anexos e textos de grupos de trabalho que evidentemente não se sabe se poderiam ser referendados.[15]

Mesmo assim, não há dificuldade em constatar que entre as prioridades do G-20 não estava a questão que desde 1980 vinha sendo chamada de "desenvolvimento sustentável" e que desde 1972 fazia parte das preocupações globais de longo prazo, mesmo na ausência desse "slogan".[16]

O próprio tema do "desenvolvimento", sem nenhum qualificativo, não foi imediatamente incluído na pauta. Em

---

[15] Todos os documentos estão disponíveis no website oficial: <http://www.g20.org/>. Sobre as cinco primeiras cúpulas há um ensaio interpretativo bem interessante de dois pesquisadores das universidades francesas de Grenoble e de Lyon: Hammouda e Jallab (2011).

[16] Apesar do "slogan" ter emergido no final dos anos 1970, o primeiro documento oficial de organização internacional a destacá-lo foi o *World Conservation Strategy* (IUCN-UNEP-WWF, 1980).

resposta a isso, a ala dos emergentes não demoraria a pressionar por reivindicações comuns, formuladas desde meados dos anos 1960 no movimento intitulado "Grupo dos 77", hoje o "G-77+China", que incorpora 132 países do Sul.

Fundado em 1964, ao final da primeira sessão da Conferência das Nações Unidas sobre Comércio e Desenvolvimento (UNCTAD), o G-77 lançou sua plataforma doutrinária, a "Carta de Argel", em outubro de 1967, um longo documento com foco nas questões relativas ao comércio internacional. Além da abertura dos mercados do Norte, esse movimento sempre enfatizou a necessidade de maior contribuição ao desenvolvimento dos países mais pobres, a chamada "Official Development Assistance" (ODA), bem como de melhor distribuição dos poderes nas organizações internacionais, particularmente no FMI.

O resumido comunicado final da primeira cúpula do G-20, em Washington, consagrou um parágrafo para reafirmar dois compromissos considerados fundamentais pelo G-77: a Declaração da Assembleia das Nações Unidas, que em 2000 havia lançado os Objetivos de Desenvolvimento do Milênio (ODM), e o chamado "Consenso de Monterrey", elaborado em conferência com foco no financiamento do desenvolvimento realizada em 2005, no México.

Os primeiros seis ODM foram bem articulados em 2000 para que pudessem ser obtidos avanços significativos até 2015, em questões que vão da erradicação da miséria e da fome ao combate à AIDS e à malária, passando por educação primária, discriminação das mulheres, mortalidade infantil e saúde materna. Nada incluem, contudo, sobre o combate às desigualdades.

Os dois outros ODM, sobre os aspectos ambiental e econômico, são bem piores. O ambiental nem incorpora questões cruciais, como a mudança climática, a erosão da biodiversidade ou o gravíssimo problema das áreas oceânicas que se tornaram zonas mortas devido ao excesso de nitrogênio. E o econômico não poderia ser mais vago, além de meramente exortativo, ao mencionar uma desejável "parceria" mundial pelo desenvolvimento.

Consenso

A Conferência de Monterrey havia sido convocada no final de 1999 pela Assembleia Geral da ONU, com seis objetivos: mobilização dos recursos internos; aumento do investimento privado internacional; reforço da ajuda pública ao desenvolvimento; alargamento do acesso aos mercados e garantia de um comércio em condições justas; resolução da questão da dívida e melhoria da coerência das estruturas financeiras mundiais e regionais; e promoção de uma representação justa dos países do Sul no processo de tomada de decisões em nível mundial.

Essa "Conferência Internacional sobre o Financiamento do Desenvolvimento" reuniu 51 presidentes e primeiros-ministros, numerosos ministros das finanças e das relações exteriores, dirigentes de organizações internacionais e instituições financeiras, bem como líderes da comunidade empresarial e da sociedade civil, com o objetivo de enfrentar os desafios do financiamento e da redução da pobreza.

Seu grande feito foi a aprovação por aclamação do "Consenso de Monterrey", que afirma a determinação da comunidade internacional em erradicar a pobreza, alcançar o crescimento econômico sustentável e promover o desenvolvimento sustentável no contexto de um sistema econômico mundial que seja equitativo e que favoreça a plena inclusão. O texto termina com o compromisso de reforçar as Nações Unidas como a principal organização responsável pela renovação do sistema financeiro internacional, em colaboração com o Banco Mundial, o Fundo Monetário Internacional e a Organização Mundial do Comércio.

Tudo isso foi reafirmado na histórica segunda cúpula do G-20, realizada em Londres em abril de 2009, um encontro que conseguiu evitar o pior com fortíssimas doses de calmante para o mercado financeiro e também fez alguns acenos mais concretos aos países do Sul. Entre as garantias oferecidas constavam, por exemplo: 1) a de que os bancos multi/plurilaterais de desenvolvimento aumentariam seus empréstimos em "ao menos 100 bilhões de dólares"; 2) a de que as várias formas de ajuda aos países menos desenvolvidos seriam reforçadas, com prioridade à África Subsaariana; 3) a de que as ações de proteção social, de incentivo ao comércio e de flexibilização dos mecanismos de redução das dívidas teriam um reforço de mais de 50 bilhões de dólares.[17]

Nada mais compreensível que a prioridade nessas duas primeiras cúpulas tenha sido a necessidade de apagar o incêndio que havia tomado conta dos mercados financeiros, embora a superação da crise também dependesse de iniciativas mais estruturantes no âmbito do desenvolvimento, de preferência sustentável. Pior, o indiscutível sucesso da cúpula de Londres em impedir que a situação econômica mundial piorasse rapidamente produziu a falsa sensação de que o mundo já passara a uma nova fase, de estabilidade, e até de retomada do crescimento.

Menos de um semestre depois, a terceira cúpula realizada em Pittsburgh mostrou o quanto era prematuro esse alívio. Deixou muito clara a divergência entre manter as políticas

---

[17] São dezenove os bancos de desenvolvimento nacionais e regionais que se articulam no IDFC, International Development Finance Club. Segundo Coutinho (2012, p. 6), em 2012 a prioridade desse clube teria passado a ser "o financiamento à transição para uma economia de baixo carbono, includente e sustentável".

de recuperação ou já procurar uma saída dessas políticas, que alguns governos consideravam "de exceção". A favor da manutenção estiveram principalmente os Estados Unidos, o Reino Unido e a China, contra a aliança conservadora entre Alemanha e França, baseada em avaliações otimistas de vários bancos, da Organização para a Cooperação e Desenvolvimento Econômico (OCDE), e até do economista que se tornou célebre por ter sido um dos raros a ter previsto a crise: Nouriel Roubini. A voz discordante nesse cenário veio do premiado Paul Krugman, que em sua influente coluna não se cansava de alertar para a precariedade dos sinais de retomada.

Nada disso impediu que essa terceira cúpula também se tornasse histórica pela explícita afirmação de que o G-20 teria por missão a reforma de toda a arquitetura global em função das necessidades do século XXI, por se constituir no principal fórum de cooperação econômica. Foi crucial essa investidura, que aparece nos parágrafos 18 e 19 do documento firmado, inclusive porque, dois meses antes, havia ocorrido um ensaio de renascimento do G-8 em L'Áquila, na Itália. Nessa reunião haviam surgido especulações sobre novos fóruns, um dos quais um suposto G-14. Na direção exatamente oposta, em Pittsburgh também foi firmado o compromisso de que a cúpula do G-20 passaria a se reunir ao menos uma vez por ano.

Rápidas mutações

A determinação dos países do Norte em favor do corte de gastos, assim como sérias e insuperáveis divergências sobre a questão cambial, particularmente entre os Estados Unidos e a China, não poderiam ter deixado de ofuscar uma das mais significativas decisões da quarta cúpula, realizada em Toronto em junho de 2010: a constituição do "Grupo de Trabalho sobre o Desenvolvimento", com o propósito de elaborar um plano plurianual a ser adotado na quinta etapa, programada para apenas quatro meses depois, em Seul, justamente a capital do país que foi pioneiro na superação do subdesenvolvimento e cultiva grande ambição de se firmar como liderança mundial nesse terreno.[18]

Nessa quinta cúpula, o tema do desenvolvimento realmente estava na agenda do G-20, como atesta um documento de doze páginas, com a manifesta pretensão de que já constituiria um "Plano de Ação Plurianual sobre Desenvolvimento". No entanto, como mostram os textos sobre o tema divulgados pelas duas cúpulas subsequentes — Cannes em 2011 e Los Cabos em 2012 —, apenas humildes relatórios do "Grupo de Trabalho sobre o Desenvolvimento" foram apresentados.[19]

O fato é que nesses três anos houve rápidas mutações na retórica do G-20. Em 2010, a cúpula de Seul havia enfatizado que a promoção global do desenvolvimento dependeria essencialmente de um crescimento compartilhado ("sha-

---

[18] Em novembro de 2010 houve uma conferência de alto nível organizada por parceria entre a Coreia do Sul e o Banco Mundial com o objetivo de avançar na formulação de uma agenda sobre o desenvolvimento para o G-20. Todos os resultados dessa conferência estão em Fardoust *et al.* (2012).

[19] "2011 Report of the Development Working Group" (69 §§, 15 p.); "2012 Progress Report of the Development Working Group" (69 §§, 14 p.). Esse Grupo de Trabalho é formado por 29 organizações internacionais, entre as quais se destacam: a OCDE; as três de Bretton Woods: FMI, Grupo Banco Mundial e OMC; oito das Nações Unidas: FAO, FIDA, OIT, OMS, PNUD, Secretaria-Geral, UNCTAD e UNESCO; e seis bancos regionais de desenvolvimento: africano, asiático, islâmico, latino-americano e dois europeus. As outras onze são entidades bem menos importantes, como, por exemplo, a "Aquila Food Security Initiative" ou o "Consultative Group to Assist the Poor".

red growth"). A sexta cúpula, realizada em Cannes em 2011, preferiu destacar a necessidade de que esse crescimento fosse forte e equilibrado ("strong and balanced growth"). Já na sétima, em Los Cabos em 2012, o enfoque passou a ser o crescimento verde inclusivo ("inclusive green growth").[20]

Esses textos quase nunca se referem explicitamente a suas fontes de inspiração. Por esse motivo pode ser considerado raríssima exceção o fato de o documento da sexta cúpula, em Cannes, ter deixado claro que a base conceitual de seus parágrafos introdutórios poderia ser encontrada em livro que o Banco Mundial publicara dez anos antes, com um título interessantíssimo, *Beyond Economic Growth* — que pode ser traduzido como "Para além do crescimento econômico".[21] Esse fato também sugere que a principal referência do relatório do Grupo de Trabalho divulgado no ano seguinte, em Los Cabos, pode ter sido outra publicação do Banco Mundial, intitulada "Crescimento Verde Inclusivo".[22]

O TABU

Para os entusiastas dessa última fórmula, não se trata de um novo paradigma, mas tão somente de uma (talvez tardia) operacionalização do paradigma consagrado na Cúpula da Terra, em 1992, o desenvolvimento sustentável. A diferença, segundo eles, é que essa segunda megaconferência da ONU sobre meio ambiente e desenvolvimento teria dado grande

---

[20] Foi nessa sétima cúpula, em Los Cabos, no México, que surgiu o grupo "G2A2": Green Growth Action Alliance, cujo secretariado é exercido pelo World Economic Forum (WEF).

[21] Cf. Soubbotina e Sheram (2000).

[22] Cf. World Bank (2012).

ênfase à inclusão social e à prudência ambiental, mas sem fazer o mesmo com o crescimento econômico.

Acham até que esse deslize não teria ocorrido no relatório "Nosso Futuro Comum", que havia sido apresentado à ONU em 1987 pela então primeira-ministra da Noruega, Gro Harlem Brundtland, presidente da Comissão Mundial sobre Meio Ambiente e Desenvolvimento (WCED).[23] Cinco anos antes da Rio-92, o chamado Relatório Brundtland teria sido bem claro sobre a necessidade de "uma nova era de crescimento — um crescimento vigoroso, ao mesmo tempo social e ambientalmente sustentável".[24]

Enquanto no Grupo de Trabalho sobre Desenvolvimento do G-20 as discussões tendiam ao "crescimento verde inclusivo", sob a óbvia influência do Banco Mundial e da OCDE, seu equivalente na pauta da quarta megaconferência das Nações Unidas — a Rio+20 — era a proposta de "economia verde", que entrara na moda com os debates sobre a crise de 2008. Essa expressão acabou por ser obrigatoriamente completada por longo qualificativo: "no contexto do desenvolvimento sustentável e da erradicação da pobreza".[25]

---

[23] O relatório "Nosso Futuro Comum" (ONU, WCED, 1987) em geral é citado como Relatório Brundtland, porque a comissão que o elaborou foi presidida por Gro Harlem Brundtland, médica e diplomata que por três vezes foi primeira-ministra do governo norueguês (1981, 1986-1989 e 1990-1996) e depois diretora-geral da Organização Mundial da Saúde (WHO). Seu início de carreira política foi como ministra do Meio Ambiente, em 1974.

[24] Cf. o "Forward" de Rachel Kyte em World Bank (2012).

[25] Sobre o decorrente debate, a melhor referência é o relatório elaborado por nove eminentes economistas ecológicos para a Divisão de Desenvolvimento Sustentável do UNDESA: Costanza *et al.* (2012). Há também dois livros em português: Abramovay (2012); Léna e Nascimento (2012).

Se existe alguma diferença entre essas duas abordagens, ela certamente é tão sutil que procurar estabelecê-la inevitavelmente levaria a uma busca semelhante à da identificação do sexo dos anjos. Ocorre exatamente o inverso, contudo, com o que elas têm de mais comum: a propensão a evitar um dos mais cruciais desafios do desenvolvimento, a grave questão das desigualdades.

Embora seja frequente que documentos elaborados por organizações internacionais, e particularmente os divulgados após eventos multilaterais, reconheçam que as desigualdades dificultam muito o desenvolvimento, isso não se traduz em compromissos reais para contrariá-la, como demonstram inequivocamente os ODM, por exemplo, ao se restringirem ao combate às diversas dimensões da pobreza.

No entanto, o próprio crescimento econômico gera menos benefícios na ausência de prévia e concomitante redução das desigualdades. Embora por muito tempo tenha parecido o contrário, multiplicam-se as evidências empíricas de que, a partir de certo nível de renda, a redução das desigualdades materiais até poderia ocupar o lugar atual do crescimento econômico no processo de elevação do bem-estar.[26]

Caminhos opostos

Trata-se, portanto, de encarar a redução das desigualdades não apenas em nome do nobre ideal de justiça social, ou de empatia pelos menos favorecidos, mas principalmente baseando-se na constatação objetiva de que somente drásticos avanços na direção da igualdade poderão realmente abrir caminho para a autêntica prosperidade.

---

[26] Cf. Wilkinson e Pickett (2009).

Contudo, o inverso disso continua a ser a crença mais comum: acredita-se que o crescimento econômico é o substituto da igualdade de renda, pois enquanto há crescimento há esperança, permitindo que grandes diferenciais de poder de compra sejam toleráveis. Mesmo assim, aos poucos avança o reconhecimento de que essa substituição também funciona no sentido inverso, pois mais igualdade torna o crescimento menos necessário.

Os países ricos com menos desigualdade são os que sistematicamente exibem melhor desempenho nas doze dimensões mais relevantes para a qualidade de vida. Em ordem alfabética: coesão social, dependências químicas, doenças mentais, educação, encarceramentos, longevidade, mobilidade social, obesidade, partos de adolescentes, saúde, vida comunitária e violência.[27]

Ainda mais impressionante é constatar que o mesmo padrão se repete quando são examinados desempenhos normalmente vistos como mais "ambientais" do que "sociais". Nas nações ricas com menor desigualdade há menos consumismo, mais reciclagem e mais ajuda externa a países pobres.

Em forte contraste, as sociedades ricas mais desiguais são as que revelam as mais altas perdas ecológicas, as que produzem mais lixo, as que consomem mais água e que são

---

[27] Foi o que revelou o excelente livro *The Spirit Level*, de Wilkinson e Pickett (2009), que também deu origem ao website <www.equalitytrust.org.uk>. Em 55 gráficos que examinam os comportamentos de variáveis ou indicadores dessas doze questões em relação à desigualdade de renda, o grupo dos sete países menos desiguais mostra sempre os melhores desempenhos: Japão, Finlândia, Noruega, Suécia, Dinamarca, Bélgica e Áustria. No extremo oposto surgem outros sete: Estados Unidos, Portugal, Reino Unido, Austrália, Nova Zelândia, Itália e Grécia. E em posição intermediária: Alemanha, Holanda, Espanha, França, Canadá, Suíça e Irlanda.

responsáveis por mais viagens de avião medidas em distância *per capita*.[28]

As desigualdades globais e nacionais têm seguido caminhos opostos nas últimas décadas. Após dois séculos de incessante aumento das desigualdades entre os países, tal tendência sofreu significativa alteração pela rápida ascensão de uma parte dos países da semiperiferia. Em apenas vinte anos, diminuiu de vinte para menos de dez vezes a distância entre os níveis de vida atingidos por alemães ou franceses e os que acabam de ser conquistados por chineses ou indianos.

Em contraste, após fortes reduções das desigualdades de renda internas em meados do século XX, seguidas de longos períodos de estabilidade, elas passaram a aumentar nas últimas duas ou três décadas, com raríssimas exceções, entre as quais nos últimos dez anos o Brasil.

Em alguns casos esse aumento se deu de forma radical. Nos Estados Unidos, por exemplo, os atuais indicadores de desigualdade são tão ruins quanto os de um século atrás. Mesmo que de forma mais amena em comparação com os Estados Unidos, esse recente aumento das desigualdades internas afetou praticamente todos os países do chamado primeiro mundo, assim como metade dos demais que dispõem de estatísticas sobre longos períodos.[29]

Esses dois caminhos contrastantes podem ser atribuídos às características da mais recente etapa da globalização, sem

---

[28] Algumas dessas evidências foram apresentadas pelo geógrafo Daniel Dorling (University of Sheffield) na Royal Geographical Society (Londres), em 2010. Disponível em: <http://sasi.group.shef.ac.uk/presentations/rgs/>.

[29] Como realça François Bourguignon, logo na abertura de *La mondialisation de l'inégalité* (2012). Bourguignon é o atual diretor da Escola de Economia de Paris e já foi o economista-chefe do Banco Mundial.

que seja possível vislumbrar, por enquanto, quais podem ter sido os efetivos impactos da crise que teve início em 2007-2008.

Ascensão do "resto"

A entrada da China no comércio internacional, a partir dos anos 1980, seguida pelo bloco soviético e pela Índia nos anos 1990, inseriu na concorrência internacional algo como 1 bilhão de trabalhadores sem qualificação ou muito pouco qualificados. Isso provocou o óbvio aumento generalizado das remunerações dos trabalhadores qualificados, simultânea à elevação das rentabilidades dos capitais, particularmente nos negócios com matérias-primas. Esse cenário estimulou investimentos diretos em países emergentes, enquanto a concorrência interna nos países do primeiro mundo também se tornava bem mais aguda, especialmente no ápice das desregulamentações, da liberalização comercial e da integração europeia.

As migrações de empresas, tanto produtivas como de "back office", assim como a pressão da demanda por trabalho mais qualificado, combinaram-se para uma deformação da distribuição dos salários altamente desfavorável aos de nível inferior e médio. Como os proprietários de capital e de terra também foram contemplados por significativas altas em seus rendimentos, tudo isso conspirou para que houvesse fortíssima piora das desigualdades de renda internas.

No Norte, tal fenômeno poderia ser resumidamente atribuído à desindustrialização com precarização dos empregos nas regiões mais afetadas. Já no Sul, o aumento das desigualdades de renda resultou essencialmente de reestruturações das economias nacionais em favor dos setores mais modernos e mais exportadores.

A esse cenário geral precisam ser acrescentados alguns outros fatos que apenas contribuíram para agravar essa tendência. O intenso progresso nas tecnologias de comunicação multiplicou os ganhos de celebridades, em especial de artistas e esportistas, permitindo que alguns alcançassem remunerações astronômicas. No âmbito financeiro, o mesmo fenômeno também provocou exponenciais aumentos de rendimentos extraordinários dos operadores de investimentos. Esse movimento também foi acompanhado por inéditos saltos nas remunerações dos dirigentes de grandes empresas, assim como de seus advogados.[30]

Outro consenso

Todavia, para explicar o aumento das desigualdades de renda no interior de tantas nações, não se pode deixar de dar bastante ênfase à virada política do terceiro terço do século XX, provocada desde o início dos anos 1980 pelos governos Reagan e Thatcher, mas que ganharam ampla repercussão com o chamado "Consenso de Washington" e se aceleraram na sequência da queda do muro de Berlim, em 1989.

Quatro vetores turbinaram os efeitos dos fatores estruturais: as reformas fiscais regressivas, as desregulamentações dos mercados financeiros e dos mercados de trabalho, e a maior parte das privatizações.

Bem diferentes foram as tendências que predominaram do lado das desigualdades mundiais. Houve significativa queda da desigualdade de renda entre estratos da população glo-

---

[30] Ou seja, o progresso técnico e a expansão dos mercados explicam tão bem a disparada dos salários das vedetes de Bollywood quanto a dos campeões indianos de cricket, ou a dos novos bilionários chineses, observa Bourguignon (2012, p. 45).

bal, mas, mesmo assim, essa queda foi acompanhada de aumento da disparidade entre o nível de vida entre o Norte e o Sul.

A partir de 1989, a distância entre os extremos 10% mais ricos e os 10% mais pobres diminuiu tanto quanto havia aumentado desde 1900. Por esse prisma, pode-se dizer que a virada do milênio também deu lugar a uma virada na história da desigualdade mundial.

No entanto, simultaneamente houve aumento da diferença entre os extremos da escala das rendas nacionais. Em 1989, as populações dos quinze países mais ricos tinham um nível de vida quarenta vezes superior ao das populações dos quinze países mais pobres, e, em 2006, essa relação havia chegado a sessenta vezes.

O aumento anual do nível de vida individual médio, que em 25 anos foi de 8% na China e de 4% na Índia, contrasta com sua estagnação, e até mesmo recuo, em muitos países pobres, principalmente da África Subsaariana.

Diante de panorama tão sombrio, não poderia haver questão mais importante para a governança global do desenvolvimento que as perspectivas de um enfrentamento global das desigualdades. E é verdade que importantes documentos lançados em 2011 e 2012, por organizações internacionais, deram muita ênfase aos temas da equidade ou da igualdade.

No entanto, mesmo nessas abordagens mais positivas, a questão permanece sempre no âmbito dos princípios, sem que sejam formuladas propostas de acordos multi/plurilaterais, ou de orientação às políticas nacionais, que possam ser objeto de sério debate nas mais importantes instâncias de governança global do desenvolvimento, como são as sessões da Assembleia Geral da ONU ou as cúpulas do G-20.[31]

---

[31] Dois desses documentos merecem destaque: o vigésimo Relatório do Desenvolvimento Humano, de 2011, explicitamente voltado à prepa-

Ajuda

Desde o final da Segunda Guerra Mundial, o único mecanismo público de redistribuição no âmbito internacional tem sido a cooperação, a assistência e a contribuição da "ajuda oficial ao desenvolvimento" (ODA, na sigla em inglês). Um célebre balanço do período 1948-1968, feito pela Comissão Pearson, levou à recomendação de que os países ricos passassem a consagrar ao menos 0,7% de sua renda a tão crucial instrumento para a redução das desigualdades globais.[32]

Todavia, os desembolsos, que sempre foram bem inferiores, têm girado em torno de 50% dessa meta, sobretudo graças ao empenho de países como Suécia, Noruega, Dinamarca, Holanda e Luxemburgo, para os quais a proporção chega a superar 1%. No extremo oposto, em casos como os

ração da Rio+20, com o título *Sustentabilidade e equidade: um futuro melhor para todos*. O segundo é assinado por nada menos que sessenta organizações internacionais, integrantes do "UN System Task-Team on the post-2015 UN Development Agenda", lançado em junho de 2012 com o sugestivo título *Realizing the Future We Want for All, Report to the Secretary-General*. Na sequência do "2010 High-Level Plenary Meeting of the General Assembly on the Millennium Development Goals", o secretário-geral estabeleceu esse grupo-tarefa, que foi coordenado em conjunto pelo DESA (Departamento de Assuntos Econômicos e Sociais) e pelo PNUD.

[32] O primeiro-ministro do Canadá Lester Bowles "Mike" Pearson (1897-1972), que havia recebido o Prêmio Nobel da Paz em 1957 por ter organizado a Força de Emergência das Nações Unidas para resolver a crise do canal de Suez, foi convidado pelo então presidente do Banco Mundial, Robert McNamara (1916-2009), para presidir esse grupo que ficou conhecido como "Comissão Pearson". Ver Pearson (1969) e também a edição de fevereiro de 1970 do *The UNESCO Courier*. Disponível em: <http://unesdoc.unesco.org/images/0005/000567/056743eo.pdf>.

dos Estados Unidos e do Japão, ela gira em torno de meros 0,2%.

É importante notar, contudo, que a ODA despencou com o fim da Guerra Fria devido à forte redução de seus atrativos geopolíticos, mas começou a se recuperar no início do século XXI graças à mobilização das Nações Unidas em favor dos ODM. Com isso, voltou ao seu nível histórico mais frequente de 0,35%. Também é importante ressaltar que a ODA corresponde em média a 15% do orçamento nacional dos países beneficiários mais pobres, com casos extremos em que chega a 50%.

É certo que há contribuições que não entraram nesses índices, como as de organizações privadas ou as de países emergentes. Avalia-se, contudo, que não chegariam a 10% do total da ODA, e, mesmo que fossem mais elevadas, não poderiam evitar profunda controvérsia sobre a eficácia de grande parte dessas transferências. Não falta quem diga que a ODA serve somente para engordar fortunas de ricos em países pobres, mesmo quando consegue não favorecer a corrupção.

Há fortíssima pressão nos países mais ricos do Norte para que seus governos apliquem recursos somente em projetos específicos, inseridos nos setores mais imunes a desvios, e que tenham passado por rigorosa seleção. No Sul, ao contrário, também há quem aconselhe os países mais pobres à renúncia de qualquer tipo de ODA, para que fortaleçam a pressão por decisões multilaterais mais favoráveis nos âmbitos comercial e migratório.

Ao abordar esse fenômeno, o circunstanciado e controverso relatório lançado em 1995 por outra importantíssima articulação — a "Comissão sobre Governança Global" — reconheceu ser preciso "repensar" alguns dos mecanismos e motivos convencionais de ajuda, após apontar três razões para tamanho "desgaste":

1) É preciso ter muita coragem política para mandar dinheiro para o exterior quando, no próprio país, existem pessoas pobres, desabrigadas e sem emprego;

2) Os programas são atacados por todos os lados pelos que se preocupam com o desperdício, a corrupção, a violação dos direitos humanos e o descaso com o meio ambiente nos países assistidos;

3) Muitas vezes os doadores serviram-se dos programas de ajuda para promover exportações ou por questões de segurança.[33]

Inércia

Não chega a ser surpresa, então, que os principais atores envolvidos com a ODA estejam mobilizados para que esse tipo de cooperação internacional se torne mais eficaz. Após longo processo de diálogos entre países beneficiários, ONGs que faziam a intermediação e os principais países doadores, veio à luz uma promissora parceria global intitulada "Global Partnership for Effective Development Co-operation", em junho de 2012.[34]

Além de tal iniciativa ser recentíssima, outros problemas complicam bastante a situação. Há dificuldades até mais importantes nas duas outras áreas que poderiam contribuir para

[33] Ver Comissão sobre Governança Global (1996).

[34] A principal forma de governança dessa cooperação tem sido um comitê da OCDE chamado "DAC" (Development Assistance Committee). Etapas fundamentais dos diálogos do DAC com os países pobres e ONGs ocorreram em 2005 e 2008, respectivamente em Paris e em Accra. Mas o impulso decisivo para o surgimento da atual parceria global foi um encontro de 2011, em Busan (Coreia) — "4th High-Level Forum on Aid Effectiveness" — seguido, em junho de 2012, pelo "OECD-DAC Working Party on Aid Effectiveness", em Paris. Ver <www.aideffectiveness.org>.

dinâmicas redistributivas: a do comércio internacional e a das migrações.

Isso é bastante sério, pois o que bloqueia as negociações na OMC sobre o acordo que viria a ser chamado de "Doha" são as divergências entre o primeiro mundo e algumas poucas nações emergentes, e não empecilhos que poderiam ser causados por exportações de países pobres. Além disso, as decisões da OMC estão muito longe de concretizar a coordenação internacional prevista no Acordo de Marrakesh.[35]

Já a válvula migratória esbarra em sérios conflitos políticos, particularmente na Europa, mas também no Japão. E ainda pior é o fortíssimo e sistemático veto a qualquer proposta que dê início a algum tipo de tributação global, como mostra a trajetória da chamada "Taxa Tobin", um imposto sobre movimentações financeiras internacionais de curto prazo, cuja alíquota variaria entre 0,1% e 0,25%. Apesar de ter sido lançada em 1971 pelo economista James Tobin (1918-2002, Prêmio Nobel em 1981), essa proposta permaneceu ignorada até 1997, quando se tornou a principal bandeira do controverso movimento antiglobalização.

Passo significativo na direção de um futuro sistema tributário global foi dado em 22 de janeiro de 2013, quando a União Europeia aprovou a adoção por onze países da zona do euro de uma taxa sobre transações financeiras (FTT na sigla em inglês), que entrará em vigor em 2014. Nessa ocasião, os líderes dessas onze nações pioneiras enfatizaram a necessidade de que ela um dia se torne global.[36]

---

[35] A OMC foi criada em 15 de abril de 1994 pelo Acordo de Marrakesh. Com o impasse "Doha", passou a ser cada vez mais utilizada a alternativa de buscar acordos preferenciais — eles já são mais de trezentos e há muitos outros em negociação, com destaque para o Acordo de Associação Transpacífico (TPP), sob a liderança dos Estados Unidos.

[36] A nova taxa, que variará entre 0,01 e 0,1%, incidirá sobre operações realizadas pelas bolsas de valores, bancos, corretoras, seguradoras e

Embora auspicioso, esse fato não chega a alterar a percepção da necessidade de reformas estruturais na governança global do desenvolvimento, embora seja gigantesca a inércia institucional, tanto na ONU como nas duas principais obras de Bretton Woods: Banco Mundial e Fundo Monetário Internacional.

Um das mais corajosas propostas feitas em 1995 pela Comissão sobre Governança Global havia sido de que a ONU criasse um "Conselho de Segurança Econômica", com simultânea extinção de seu Conselho Econômico e Social (ECOSOC), assim como de suas agências voltadas ao comércio e à indústria: Conferência das Nações Unidas sobre Comércio e Desenvolvimento (UNCTAD) e Organização das Nações Unidas para o Desenvolvimento Industrial (ONUDI).[37]

O ECOSOC foi instituído em 1946 como órgão diretamente subordinado à Assembleia Geral para promover em seu mais alto nível os objetivos econômicos e sociais previstos no artigo 55 da Carta das Nações Unidas, com assistência de agências especializadas. Não consegue, contudo, cumprir esse papel, a despeito de várias reformas internas que até produziram alguns resultados positivos. Esse fato levou a

---

hedge funds. Os onze países que começarão a aplicá-la a partir de 1º de janeiro de 2014 são responsáveis por 90% do PIB da zona do euro: Alemanha, França, Áustria, Itália, Grécia, Portugal, Bélgica, Estônia, Eslováquia, Eslovênia e Espanha.

[37] A criação da UNCTAD (Conferência das Nações Unidas sobre Comércio e Desenvolvimento), em 1964, foi resultado de forte pressão de países do Sul contrariados com a dinâmica do então GATT (Acordo Geral sobre Tarifas e Comércio), substituído pela atual OMC (Organização Mundial do Comércio), justamente no início de 1995. Como agência, a ONUDI (Organização das Nações Unidas para o Desenvolvimento Industrial) foi criada no final de 1966, com uma pré-história no âmbito da Secretaria-Geral da ONU que remonta aos anos 1950.

Comissão a concluir que um fórum tão amplo — de 54 países — é incapaz de tratar razoavelmente das questões econômicas e sociais.

A necessidade de prestar aos países mais subdesenvolvidos um apoio substancial em questões de comércio e de produção industrial justificaria a manutenção da UNCTAD e da ONUDI. Com certeza eles ainda precisam de muita assistência técnica para as complexas negociações comerciais, assim como para ações de fomento à indústria. Contudo, ao contrário do que ocorria em meados do século XX, já não são necessárias organizações desse porte, pois o mesmo tipo de apoio certamente poderia ser prestado com mais eficiência pelo Programa das Nações Unidas para o Desenvolvimento (PNUD; UNDP em inglês).[38]

Como se sabe, não teve êxito a proposta feita em 1995 pela Comissão sobre Governança Global de "aposentar o ECOSOC" e substituí-lo por um fórum global que propiciasse liderança política e promovesse o consenso acerca de questões econômicas internacionais. Um Conselho de Segurança Econômica que deveria ser "prático e eficiente e, logo, pequeno".

No entanto, fora da ONU não foram necessários quatro anos para que começasse a emergir o arranjo cujo molde havia sido proposto em 1995: o G-20. Entre 1999 e 2008, enquanto o grupo reunia somente ministros das finanças e presidentes de bancos centrais, não parecia que o mundo contava com uma instância de governança global do desen-

---

[38] O PNUD (Programa das Nações Unidas para o Desenvolvimento) surgiu em 1965, com a fusão dos primeiros programas da ONU que prestavam assistência técnica a atividades de cooperação internacional para o desenvolvimento. Passou a ter um papel muito mais decisivo na governança global desse tema a partir do final dos anos 1980, além de ser principal protagonista no processo de elaboração dos ODM na virada do milênio.

volvimento comparável ao projeto de Conselho de Segurança Econômica da ONU, detalhado no relatório "Nossa Comunidade Global", da Comissão sobre Governança Global. Entretanto, após as sete cúpulas realizadas no período pós-crise, entre o final de 2008 e meados de 2012, já não poderia haver dúvida, por mais que ainda fosse precária a formulação estratégica puxada pela Coreia do Sul.

Três problemas

Em suma, há três questões essenciais no debate sobre a governança global do desenvolvimento: a das desigualdades, a das tendências de mudança, e a da sua própria arquitetura organizacional.

1) O maior mistério está na frustração de que a maior equidade política inerente ao processo de democratização necessariamente levaria à redução das desigualdades socioeconômicas. Embora existam soluções em curso para a redução da pobreza pela ótica do consumo, quase nada se sabe sobre políticas públicas capazes de aumentar a capacitação dos menos favorecidos para que ganhem mais e também conquistem mais acesso aos bens públicos. A melhor hipótese disponível parece ser a de que "a desigualdade econômica inevitavelmente gera desigualdade política, que por sua vez reproduz a desigualdade econômica".[39]

2) O refluxo do projeto de orientar a globalização pelo credo de que os mercados tudo resolvem, cujo epítome foi o "Consenso de Washington", parece estar dando lugar a outro, embora seu sentido ainda seja muito incipiente. Com grande dose de otimismo, há quem o intitule "Projeto da

---

[39] Sobre essa hipótese, ver Przeworski (2012).

Sustentabilidade" e deduza que essa possível mudança leve a comunidade internacional a "repensar o desenvolvimento".[40]

3) A inexorável lei da inércia institucional impediu que a arquitetura organizacional dos acordos de Bretton Woods se adaptasse à realidade mundial posterior à virada histórica de 1968-1973. Isso não impede que se perceba a necessidade de muitas inovações, entre as quais três certamente seriam prioritárias: que o FMI se tornasse um banco central mundial; que o Banco Mundial se tornasse um verdadeiro fundo internacional de investimento; e que começasse a existir um sistema tributário de caráter global, ideia que ainda enfrenta enorme resistência.[41]

---

[40] Essa é a hipótese desenvolvida nos últimos capítulos de McMichael (2012).

[41] Tese apresentada no capítulo "The Vision and the Reality", de Mahbub ul Haq (1995).

2.
GOVERNANÇA AMBIENTAL GLOBAL

Os entendimentos da comunidade internacional sobre os cuidados exigidos pela conservação do meio ambiente têm sido muito mais intensos do que se costuma supor. Alguns poucos indicadores são suficientes para perceber que chega a ser frenético o processo político global com esse foco. Mesmo deixando de lado os acertos bilaterais, em apenas sete anos — 2005-2011 — foram assinados 22 acordos, 59 aditivos e 10 protocolos.[1] A cada semestre, os corpos diplomáticos têm sido chamados a participar, em média, de quarenta reuniões de negociações multilaterais sobre questões ambientais.[2]

Embora esse tipo de cooperação tenha começado há muito mais tempo,[3] uma indiscutível virada histórica ocorreu desde que começou a se tornar efetiva a influência do Progra-

[1] Bilaterais foram 27 acordos, um aditivo e um protocolo. A melhor base de dados sobre essa atividade está em <www.iea.uoregon.edu>.

[2] A melhor fonte sobre essas reuniões é o Report Service da organização canadense IISD (International Institute for Sustainable Development), que edita há vinte anos o excelente *ENB: Earth Negotiations Bulletin*: <www.iisd.ca>.

[3] Acordos plurilaterais existem desde 1857 e bilaterais, desde 1351, segundo a base de dados <www.iea.uoregon.edu>. O caso histórico mais significativo de cooperação internacional em matéria de meio ambiente teria sido o da Comissão do Reno de 1815, segundo Le Prestre (2005, p. 159).

ma das Nações Unidas para o Meio Ambiente (PNUMA, UNEP em inglês), com certeza a mais importante decisão da primeira megaconferência das Nações Unidas sobre o tema, realizada em Estocolmo em 1972.

Foram bem complexas as circunstâncias em que ocorreram essas duas cruciais inovações institucionais da ONU em 1972: a realização da Conferência sobre o Meio Ambiente Humano (UNCHE, na sigla em inglês), em junho, e a efetiva criação do PNUMA pela sua subsequente Assembleia Geral, em dezembro.

A ideia de convocar a UNCHE, que se tornaria a primeira da série de megaconferências da ONU sobre essa questão, surgiu como contraproposta da representação sueca ao que teria sido a quarta conferência sobre o uso da energia nuclear para fins pacíficos. Vendo nessa dispendiosa quarta conferência um evento destinado a atender exclusivamente aos interesses da indústria nuclear, alguns diplomatas suecos decidiram fazer oposição a tal plano, mesmo sem nenhuma orientação explícita de Estocolmo.

Foi assim que uma proposta alternativa de conferência, que contribuísse para "facilitar a coordenação e a focalização dos países-membros nos problemas extremamente complexos relacionados ao meio ambiente humano", foi formalizada pelo governo sueco no final de 1967 e aprovada pela Assembleia Geral na primavera de 1968. Seria em Estocolmo, portanto, a primeira cúpula mundial sobre a relação da humanidade com o restante da natureza.[4]

Na conjuntura dessa passagem para a década de 1970, os países do primeiro mundo só poderiam mesmo estar propensos a aceitar a tese de que problemas ambientais deveriam

---

[4] Há interessantíssima retrospectiva desses fatos nas duas contribuições de Maria Ivanova ao livro editado por Swart e Perry (2007). Cf. <www.centerforunreform.org>.

merecer muito mais atenção da comunidade internacional. Desde janeiro de 1956, com a notícia do assustador envenenamento massivo por mercúrio em Minamata (Japão), até 22 de abril de 1970, dia de gigantescas manifestações em cidades americanas, conhecido como o primeiro "Earth Day", uma longa série de acontecimentos e informações científicas haviam levado os governos dos países democráticos do Norte a perceber que muitas questões habitualmente tachadas de "ambientais" podiam se revelar tão ou mais importantes que as tradicionalmente classificadas como "sociais", particularmente quando pudessem ser fonte de alguma ameaça ao desempenho econômico nacional.

Todavia, até esse momento nada parecido havia alterado a percepção governamental no lado do bloco soviético e na China, ainda menos no que então era chamado de terceiro mundo. Isso foi o bastante, portanto, para que o agendamento da conferência de Estocolmo pudesse despertar muita desconfiança e alta suspeição por parte desses dois agrupamentos.

Temores

A identidade terceiro-mundista firmara-se alguns anos antes com o Movimento dos Não Alinhados, estabelecido formalmente em Belgrado (capital da ex-Iugoslávia, hoje Sérvia) desde 1961.[5] Três anos depois havia surgido a UNCTAD, que continua a ser a menina dos olhos do G-77, grupo que, aliás, foi fundado justamente em sua primeira sessão de trabalho. E quase às vésperas da convocação oficial da

---

[5] O Movimento dos Não Alinhados resultara da Conferência de Bandung, o pioneiro encontro afro-asiático realizado em 1955.

conferência de Estocolmo emergira, em 1967, a já mencionada Carta de Argel, a mais duradoura plataforma dos países do Sul.

Além disso, a Assembleia Geral da ONU havia adotado, em outubro de 1970, a inédita "estratégia de desenvolvimento", segundo a qual ele deveria ser concebido "de maneira global e integrada".[6] Simultaneamente, houve em Lusaka (Zâmbia), na terceira grande conferência dos Não Alinhados, uma reafirmação do terceiro-mundismo.

Em tal contexto histórico, os corpos diplomáticos e os governos dos países do terceiro mundo, assim como os do bloco soviético e da China, desdenhavam até os impactos ambientais que mais direta e imediatamente poderiam prejudicar o desempenho de suas economias, como, por exemplo, a erosão dos solos, a desertificação, a depleção dos lençóis freáticos, a sobrepesca etc.

Parecia a muitas das elites dirigentes dessa maioria de nações que a iniciativa de elevar tais pontos ao topo da agenda das negociações multilaterais fosse mera manobra para criar mais dificuldades às suas exportações; ou, mesmo, um pretexto para condicionar a parca ajuda tecnológica e financeira que o primeiro mundo prestava aos países pobres. Por esse motivo, o comitê preparatório da Conferência de Estocolmo não poderia ter deixado de contar com maioria absoluta do terceiro mundo: catorze das 27 representações nacionais.[7]

---

[6] Mediante resolução da Assembleia Geral da ONU (2626/XXV, de 24 de outubro de 1970), também um desdobramento do já mencionado relatório da Comissão Pearson.

[7] Argentina, Brasil, Canadá, Chipre, Cingapura, Costa Rica, EUA, França, Gana, Guiné, Índia, Irã, Itália, Iugoslávia, Jamaica, Japão, Ilhas Maurício, México, Nigéria, Países Baixos, Reino Unido, República Árabe Unida, Suécia, Tchecoslováquia, Togo, União Soviética e Zâmbia.

Agenda

Logo na primeira reunião, em março de 1970, uma vez explicitada a apreensão de que os problemas ambientais fossem retirados do contexto do desenvolvimento desigual, a agenda foi imediatamente alterada, de maneira a acentuar a importância da relação entre desenvolvimento e meio ambiente. Consenso sobre esse ponto havia sido rapidamente obtido ainda nos bastidores da 25ª Assembleia Geral das Nações Unidas, nesse mesmo ano, com o recém-designado secretário-geral da UNCHE, o canadense Maurice Strong.[8]

De qualquer modo, temores de que a problemática ambiental viesse a contrariar os principais interesses das nações do terceiro mundo dominaram as dificílimas negociações sobre os sete parágrafos do preâmbulo e os 26 princípios da Declaração de Estocolmo. Essa desconfiança somente foi superada durante a própria conferência, que se estendeu por doze dias — da abertura no domingo, 4 de junho, feita pelo recém-empossado secretário-geral da ONU, Kurt Waldheim (1918-2007), ao histórico "closing statement" de Strong, na tarde da sexta-feira, 16 de junho de 1972.[9]

---

[8] Strong havia sido convidado em 1965, pelo então primeiro-ministro do Canadá, Lester B. Pearson (1897-1972), para dirigir a agência de ajuda ao desenvolvimento, mais tarde denominada CIDA: Canadian International Development Agency. Teve tanto êxito nesse trabalho que, em 1969, outro primeiro-ministro, Pierre Trudeau (1919-2000), tentou resistir à escolha do secretário-geral da ONU, U Thant (1909-1974), para a coordenação da Conferência de Estocolmo. Parece ter sido decisiva, nesse episódio, a pressão de Olof Palme (1927-1986), então primeiro-ministro da Suécia, para que Strong fosse liberado de sua função no governo do Canadá. Para uma avaliação do crucial papel desempenhado por Maurice Strong para o avanço da governança ambiental global, o melhor início é visitar o seu site <www.mauricestrong.net>.

[9] Ver o minucioso relato publicado por Louis B. Sohn (1973), profes-

Entretanto, o encontro que mais havia ajudado a destravar os entendimentos sobre o tão suspeito "meio ambiente humano" ocorrera um ano antes: o "Grupo de Peritos sobre Desenvolvimento e Meio Ambiente" reuniu-se entre 4 e 12 de junho de 1971, no que se tornou conhecido por Conferência de Founex (Suíça).

Sem subestimar a importância das questões que motivaram a convocação da UNCHE, o relatório elaborado em Founex incluiu vários alertas para as distorções que poderiam prejudicar o desenvolvimento das nações do terceiro mundo. Com isso, praticamente toda a agenda que condicionaria quarenta anos de entendimentos multilaterais sobre a sustentabilidade do desenvolvimento foi obtida nessa notável reunião, como mostram as seguintes quatro teses:

1) A degradação do meio ambiente nos países ricos deriva principalmente do modelo de desenvolvimento, enquanto os problemas do meio ambiente dos países subdesenvolvidos são consequência do subdesenvolvimento e da pobreza;

2) Ameaças podem surgir para as exportações de países subdesenvolvidos em consequência das preocupações ambientais dos países desenvolvidos;

3) É necessário monitorar a criação de barreiras não tarifárias baseadas em preocupações ambientais;

4) São necessários fundos adicionais para subsidiar pesquisas sobre problemas ambientais de países do terceiro mundo, para compensar grandes mudanças nos fluxos de exportações; para cobrir importantes aumentos no custo de muitos projetos devido a padrões ambientais mais elevados; e para financiar a reestruturação do investimento, da produção ou

---

sor de direito da Universidade de Harvard. Sohn havia assessorado o Departamento de Estado durante as negociações preparatórias, tendo depois participado da própria conferência como observador da Commission to Study the Organization of Peace.

do perfil das exportações, que se tornariam necessários pelas preocupações ambientais dos países desenvolvidos.

Para Strong, a principal mensagem de Founex podia ser sintetizada no fato de que: se a preocupação com o meio ambiente humano reforça o compromisso com o desenvolvimento, ela também precisa reforçar o compromisso com a ajuda internacional, por meio da "Official Development Assistance" (ODA).[10]

O bom andamento das negociações nesse encontro teve muito a ver com a feliz escolha de ter como um de seus principais conselheiros para a organização do evento, e depois para a presidência do comitê de redação do documento final, o grande economista do desenvolvimento Mahbub ul Haq (1934-1998). Ao ser convidado por Strong, mostrou-se tão reticente quanto o mais desconfiado dos diplomatas do Sul, mas saiu de Founex convencido de que a Conferência de Estocolmo produziria um resultado construtivo.[11]

"Integrais e indivisíveis"

Outra crucial proeza política de Strong no processo de preparação para a Conferência de Estocolmo foi ter conseguido convencer Chu En-lai (1898-1976) de que a China

---

[10] Cf. <http://www.mauricestrong.net/index.php/founex-conference?showall=estart=1>.

[11] Para a organização da Conferência de Founex, Strong também contou com a importante ajuda de outra notável economista do desenvolvimento: Barbara Ward (1934-1998). Se o resultado foi tão positivo, isso certamente também se deve à excelência de seus condiscípulos que aceitaram o convite para apresentarem contribuições: Enrique Iglesias, Felipe Herrera (1922-1996), Ignacy Sachs, Jan Tinbergen (1903-1994, primeiro Prêmio Nobel de Economia, em 1969), Shigeto Tsuru (1912-2006) e William Kapp (1910-1976).

deveria participar. Ao aceitar tal convite, o líder chinês proporcionou um incalculável aumento de prestígio para um evento que até ali só não havia causado suspeição à nata do primeiro mundo.

Foram frustradas, contudo, suas tentativas de desarmar um tardio boicote do bloco soviético, baseado no argumento de que a Alemanha Oriental estaria sendo discriminada. No entanto, isso não impediu que 114 delegações nacionais se empenhassem nos entendimentos sobre dois documentos: a Declaração e o Plano de Ação.[12]

É fato que a delegação chinesa fez muitas objeções às minutas dos documentos em discussão, mesmo que não tenha se empenhado o bastante para tentar obter ganho de causa. Tudo indica que o principal objetivo do governo chinês foi aproveitar essa primeira intervenção em um fórum internacional de tamanha envergadura para divulgar ao mundo um curto decálogo que atribuía, por exemplo, as raízes sociais da poluição ambiental ao capitalismo em seu estado imperialista, monopolista, colonialista e neocolonialista.

Por certo isso não impediu que o sentido geral das decisões da Conferência de Estocolmo tenha sido o de legitimar a tese da inexistência de conflito real entre desenvolvimento e meio ambiente, isto é, de que esses dois aspectos seriam "integrais e indivisíveis", na fórmula preferida por Strong.[13]

---

[12] O único ponto que ficou dependendo de arbítrio pela Assembleia Geral foi o 20º Princípio, devido ao conflito entre Brasil e Argentina sobre a necessidade de consulta bilateral em casos de alterações em rios internacionais, motivada pelo aproveitamento do potencial do rio Paraná (Itaipu).

[13] Fórmula usada na introdução ao livro do jornalista Wade Rowland (1973). Essa obra oferece uma descrição analítica bem detalhada do que foi a Conferência de Estocolmo, incluindo antecedentes e manifestações paralelas, como, por exemplo, o "Folkets Forum" (Fórum dos Povos). Dois

Aliás, foi unânime o reconhecimento de que a habilidade de Maurice Strong permitiu não somente a adoção da pioneira "Declaração de Estocolmo", como também uma verdadeira conversão de grande parte dos representantes governamentais que participaram da cúpula. Muitos dos que chegaram relutantes e preparados para desperdiçar nove dias discutindo "assuntos de ricos", acabaram voltando aos seus países com a sensação de que haviam participado de um acontecimento de incalculável relevância para a história da humanidade.

Frágil arquitetura

Tais foram o contexto e o espírito que marcaram o nascimento da organização que viria a ser o Programa das Nações Unidas para o Meio Ambiente (PNUMA), mas ainda sem definição quanto ao lugar que ocuparia no sistema das Nações Unidas e quanto a seu status, estrutura e modo de financiamento. Tudo isso foi resolvido meses depois pela Assembleia Geral, em grande parte devido ao empenho e à influência decisiva dos Estados Unidos.

Estes, por um lado, concederam ao "Fundo Ambiental" que seria administrado pela nova organização um aporte inicial no valor de 100 milhões de dólares. Por outro, se opuseram à proposta de que o meio ambiente ficasse sob a responsabilidade de uma nova agência especializada, como ocorre, por exemplo, com a saúde (responsabilidade da OMS), com o trabalho (OIT), com educação e cultura (UNESCO).

Em lugar disso, em uma infeliz tentativa, os Estados Unidos propuseram que o tratamento da problemática am-

---

de seus sete capítulos (3 e 4) descrevem minuciosamente os conflitos Norte-Sul em torno da relação do meio ambiente com o desenvolvimento.

biental viesse a constituir uma nova função da própria Secretária-Geral da ONU, com uma estrutura flexível comandada por um novo subsecretário e localizada na sede do organismo em Nova York.

Desse complicado processo de negociações resultou o status de Programa, similar aos já consagrados ao desenvolvimento (PNUD) e ao comércio (UNCTAD). Solução bem inferior, já que, na estrutura da ONU, os Programas e Fundos respondem ao Conselho Econômico e Social (ECOSOC), que, por sua vez, responde à Assembleia Geral. Além disso, instalar a sede desse novo Programa em Nairóbi também não contribuiria muito para que as questões ambientais atingissem o topo da hierarquia nas Nações Unidas.

Não obstante, mesmo com essa frágil arquitetura — que duas décadas depois desencadearia intrincado debate sobre a necessidade de que fosse profundamente reformada, para que pudesse haver efetiva governança ambiental global —, é indiscutível o notável desempenho do PNUMA para que os fundamentos biogeofísicos do desenvolvimento humano mereçam mais atenção e respeito da comunidade internacional.

Desde os seus primeiros dias de funcionamento, o Programa teve um papel decisivo na criação de redes técnicas para a viabilização do combate à poluição que vitimava mares regionais, uma das ações plurilaterais consideradas prioritárias. O processo foi iniciado pelo caso do Mediterrâneo, objeto de minuciosa análise de Peter M. Haas, e quase ao mesmo tempo engendrou acordos similares no Báltico e no Mar do Norte.[14]

---

[14] O livro de Peter M. Haas (1990) tornou-se um clássico do campo de análise das relações internacionais, tanto por seu interesse empírico como por sua pioneira contribuição teórica sobre o papel das comunidades epistêmicas. Ver também seu capítulo "Protecting the Baltic and North Seas", em Haas, Keohane e Levy (1993, pp. 133-82).

Também foram importantíssimas as resoluções do Simpósio de Cocoyoc, realizado no México em 1974, em parceria com a UNCTAD, assim como as da reunião *ad hoc* de seu conselho, organizada em Montevidéu em 1981.[15] Não resta dúvida, contudo, de que a mais significativa contribuição do PNUMA, anterior ao grande impulso obtido a partir de 1992 com a chamada "Cúpula da Terra" no Rio de Janeiro, consistiu na excelência de seu desempenho no processo que levou à cooperação global para a recuperação da camada de ozônio na atmosfera terrestre. Aliás, nenhum outro acordo multilateral no âmbito do meio ambiente chega a ter essa importância, inclusive para que se compreenda os fracassos posteriores.

Ozônio

É muito frequente que todo o destaque seja dado ao Protocolo de Montreal sobre Substâncias que Destroem ("Deplete") a Camada de Ozônio, marco institucional que, em setembro de 1987, começou a concretizar os objetivos mais gerais estabelecidos na Convenção de Viena, assinada em março de 1985. No entanto, o engajamento multilateral necessário para que começassem a diminuir os dois grandes buracos polares só se tornou realmente possível a partir de junho de 1990, com a adoção, em Londres, de seu primeiro termo aditivo.[16]

É muito importante notar que, nessa altura, o Protocolo havia sido ratificado por 58 países e pela então Comuni-

---

[15] Ver a importante retrospectiva de Mostafa K. Tolba (1998).

[16] Bem mais decisivo que os três subsequentes: o de 1992, em Copenhague; o de 1997, em Montreal; e o de 1999, em Pequim.

dade Econômica Europeia (CEE), mas que esse conjunto parcial representava 99% da produção e 90% do consumo de Clorofluorcarbonos (CFCs), Halons, Tetracloretos de Carbono (CTCs) e Hidroclorofluorcarbonos (HCFCs).

Além disso, um ótimo indicador sobre o papel desempenhado pelo PNUMA é que nessa rodada de Londres foi adotado quase que integralmente um pacote de sete propostas de compromissos, arduamente preparado por um grupo de trabalho liderado pelo cientista egípcio Mostafa Tolba, seu segundo diretor.[17]

Esse pode ser considerado o ápice de quinze longos e atribulados anos, desde o surgimento da primeira declaração científica internacional sobre a gravidade do problema em 1975, em conferência da Organização Meteorológica Mundial custeada pelo PNUMA.[18]

Esse notável processo de concertação, largamente reconhecido como o mais bem-sucedido e exemplar no âmbito da governança ambiental global, foi minuciosamente descrito pelo embaixador que liderou as delegações dos Estados Unidos, Richard Elliot Benedick.[19] O que é mais impressionante em seu depoimento é a descrição factual das dificuldades iniciais impostas pela fortíssima divergência entre o go-

---

[17] Esse tão respeitado sucessor de Maurice Strong permaneceu na direção do PNUMA por surpreendentes dezessete anos, entre 1975 e 1992. A gestão seguinte, da canadense Elizabeth Dowdeswell, foi de seis anos, até 1998, e a do alemão Klaus Töpfer chegou a oito anos. Foi sucedido pelo compatriota Achim Steiner, que está no cargo desde 2006.

[18] Declaração de setembro de 1975: "Statement on Modification of the Ozone Layer Due to Human Activities: Some possible geophysical consequences", WMO/R/STW/2.

[19] Ver Benedick (1991). Outra fonte útil, publicada logo depois, é o capítulo de Edward A. Parson, em Haas, Keohane e Levy (1993, pp. 27-74).

verno norte-americano e a maior parte dos governos europeus, liderados pela CEE, e tudo isso envolto em completo desdém de quase todos os governos dos países do Sul.

Também são notáveis os relatos sobre os bastidores que levaram o presidente Ronald Reagan (1911-2004) a contrariar muitos setores da administração republicana na legitimação do Protocolo de Montreal. A posição de Reagan afirma-se em flagrante contraste com o que viria a ocorrer poucos anos depois no processo de negociação da questão climática, com as incongruências e ambiguidades dos dois mandatos de Bill Clinton.

Contudo, o mais importante para a história da governança ambiental global é que o depoimento de Benedick deixa muito claro que a solução para o problema da camada de ozônio resultou dos entendimentos entre duas dezenas de governos, além da CEE. Foram 23 os atores que conceberam e assinaram o Protocolo de Montreal em 16 de setembro de 1987, tomando todos os cuidados para que a rodada mais determinante, a de 1990 em Londres, ocorresse somente depois da imprescindível ratificação das nações relevantes no mercado das substâncias destruidoras, tanto do Norte como do Sul.[20]

---

[20] Além da CEE, assinaram o Protocolo de Montreal catorze governos do Norte (Alemanha, Bélgica, Canadá, Dinamarca, Estados Unidos, Finlândia, França, Holanda, Itália, Japão, Nova Zelândia, Noruega, Portugal e Suécia), mais oito do Sul (Egito, Gana, Quênia, México, Panamá, Senegal, Togo e Venezuela). Na abertura do grande evento de Londres, em junho de 1990, o Protocolo já havia sido ratificado por trinta países do Norte e 28 países do Sul, além da CEE. Seis países somente o fizeram às vésperas do evento, nos cinco primeiros meses de 1990: África do Sul, Bahrain, Brasil, Chile, Equador e Zâmbia.

Sete conquistas

Há também outros fatos relevantes que precisam ser destacados antes de uma abordagem à radical inversão de papéis dos Estados Unidos e da Europa nas dinâmicas que levaram aos protocolos de Montreal, para o ozônio, e de Kyoto, para o clima.

Em primeiro lugar, a crucial influência exercida pelo PNUMA na adoção de quatro outras grandes convenções, anteriores ao definitivo equacionamento da questão do ozônio: a do comércio internacional de espécies ameaçadas de fauna e flora selvagens (CITES), de 1973; a da poluição atmosférica além-fronteiras (CLRTAP), de 1979; a da "Lei do Mar" (UNCLOS), de 1982; e a de Basileia, de 1989, sobre o controle de movimentos transfronteiriços de resíduos perigosos e sua eliminação.

Logo a seguir, o aproveitamento da conjuntura diplomática particularmente favorável oferecida pela adoção do Protocolo de Montreal para que fossem desencadeadas negociações de duas outras convenções que somente mais tarde seriam abertas para assinaturas na Rio-92: sobre mudança do clima e sobre diversidade biológica.

Em terceiro lugar, a erroneamente esquecida Declaração de Nairóbi, lançada em maio de 1982 pelo conselho do PNUMA por ocasião do décimo aniversário da Conferência de Estocolmo. No texto que a referendou, aprovado pela Assembleia Geral da ONU em 20 de dezembro, o oitavo artigo previa a elaboração do que foi chamado vagamente de "Perspectiva Ambiental", embora tenha sido justamente a origem da Comissão Mundial sobre Meio Ambiente e Desenvolvimento (WCED), criada no ano seguinte.[21]

---

[21] Menciona-se também o esquecido relatório "Environmental Pers-

Como já foi mencionado, o seminal relatório dessa comissão foi apresentado cinco anos depois à Assembleia Geral da ONU pela médica Gro Harlem Brundtland, ao mesmo tempo em que o Banco Mundial adotava uma política inédita sobre a questão. Outro fator que não se deve esquecer foi a forte influência exercida sobre a opinião pública mundial pela tragédia de Chernobyl, ocorrida em 26 de abril de 1986.

Outros dois fatores devem ser computados ainda: o Painel das Nações Unidas sobre Mudanças Climáticas (IPCC), criado em 1988 por meio de uma parceria do PNUMA com a Organização Meteorológica Mundial (WMO); e a decisão da Assembleia Geral da ONU de convocar uma segunda cúpula mundial, desta vez sobre "meio ambiente e desenvolvimento" — fato que ocorreu no mesmo ano e demonstrou ter enorme alcance histórico. O oferecimento do Brasil para sediar a cúpula foi acatado em dezembro de 1989, decorrido apenas um mês da queda do muro de Berlim.[22]

---

pective to the Year 2000 and Beyond", considerado pelo PNUMA como "complementar". Igualmente significativo é que tanto a proposta do conselho do PNUMA (UNEP, Resolução 11/3, de 23 de maio 1983) como a decisão da Assembleia Geral da ONU que criou a comissão e estabeleceu seus termos de referência (Resolução 38/161, de 19 de dezembro de 1983) não fazem nenhuma menção ao termo "desenvolvimento", que entrou no título da comissão em algum momento de 1984.

[22] A resolução 44/228 é de 22 de dezembro de 1989, quando já estava eleito o presidente Fernando Collor de Mello. Collor tomaria posse em 15 de março de 1990 e nomearia José Lutzenberger (1926-2002) para o novo Ministério do Meio Ambiente, até então uma secretaria especial.

Obstáculo

Por mais importante que essa segunda megaconferência[23] tenha sido, por si só, para o processo de entendimentos da comunidade internacional sobre os cuidados exigidos na conservação do meio ambiente, também merecem destaque os acordos, protocolos e aditivos do período imediatamente posterior. Nos oito anos que antecederam a virada do milênio, houve sete importantes acordos, além de uma dúzia de protocolos ou adendos a tratados já existentes.[24]

No entanto, para que se possa avaliar o impulso dado pela Rio-92 aos processos das negociações ambientais internacionais, é preciso enfatizar que do total de 1.075 acordos multilaterais firmados até o final de 2011, um terço (360) o foram nos dois decênios que separaram a Conferência de Estocolmo da Cúpula da Terra (1971-1991), e quase metade (520) nos dois decênios posteriores (1992-2011).[25]

Ao mesmo tempo, o grande empecilho ao progresso da governança ambiental global foi o Protocolo de Kyoto, adotado pela segunda Conferência das Partes (COP) da Convenção sobre Mudança do Clima, em 11 de dezembro de 1997.

É verdade, contudo, que um sério obstáculo a qualquer tipo de êxito já havia começado a aparecer no terceiro artigo

---

[23] Sobre a qual existem excelentes retrospectivas. Por exemplo, o capítulo 6 de Le Prestre (2005, pp. 201-41), ou a seção "The Earth Summit: A peak on the journey", em Speth e Haas (2006, pp. 69-81).

[24] Os sete grandes acordos foram: as convenções do clima e da biodiversidade (1992), o acordo sobre madeira tropical e a convenção sobre desertificação (1994), o acordo para a efetivação da "Lei do Mar" (1995), a convenção sobre o transporte marítimo de substâncias perigosas (1996), e a convenção de Roterdã sobre o comércio de agroquímicos (1998).

[25] Dados de Ronald B. Mitchell, 2002-2012, International Environmental Agreements Database Project (Version 2012.1). Disponível em: <http://iea.uoregon.edu/>.

da própria Convenção-Quadro das Nações Unidas sobre Mudança do Clima (UNFCCC, na sigla em inglês) assinada na Rio-92: o tão badalado "princípio das responsabilidades comuns, porém diferenciadas", que disfarçadamente pretendeu corrigir o 24º Princípio da Declaração de Estocolmo.[26]

Do ponto de vista ético, as responsabilidades nacionais deveriam ser proporcionais às emissões decorrentes do consumo da população de cada país, combinadas às suas diferentes capacidades de inovação tecnológica para a transição a uma economia de baixo carbono. Em vez disso, prevaleceu um perverso critério político de diferenciação: foram responsabilizadas exclusivamente as nações pioneiras no processo de industrialização por terem realizado suas emissões numa época em que até mesmo a comunidade científica desconhecia a gravidade do efeito estufa.

Assim, praticamente todos os custos do combate ao aquecimento global foram atribuídos à Comunidade Europeia e a outros 23 países de precoce industrialização, listados no Anexo II da Convenção.[27] Além deles, catorze países do então "segundo mundo" também foram responsabilizados e incluídos no Anexo I. Não houve ônus relevante para todos

---

[26] Estabelece esse princípio da Declaração de Estocolmo: "Todos os países, grandes ou pequenos, devem tratar das questões internacionais relativas à proteção e melhoria do meio ambiente com espírito de cooperação *e em pé de igualdade*. A cooperação através de acordos multilaterais, plurilaterais ou bilaterais ou outros meios apropriados é essencial para controlar eficazmente, prevenir, reduzir e eliminar os feitos ambientais adversos que resultem de atividades realizadas em qualquer esfera, de tal modo que a soberania e os interesses de todos os Estados recebam a devida consideração" (itálicos meus, JEV). Para uma explicação sistemática dos equívocos éticos do "princípio das responsabilidades comuns, porém diferenciadas", ver Garvey (2008).

[27] Inicialmente eram 24 países, pois a Turquia foi retirada somente por aditivo adotado na COP 7, em 28 de junho de 2002.

os demais países que, com raras exceções, correspondiam exatamente ao G-77+China.[28]

Vitória de Pirro

A incongruência do Protocolo de Kyoto já poderia ter sido notada vários anos antes de sua adoção, pois no G-77+China, ao lado de grande número de países pobres com irrisório impacto agregado das emissões de carbono, havia países "emergentes" com potencial para mais que contrabalançar ações pró-clima que viessem a ser adotadas por países do Norte.

Não foi outro o fato gerador da antecipação de veto pelo senado dos Estados Unidos à ratificação do protocolo, ou qualquer acordo com tal característica. Pior: a raríssima votação de 95 a zero não poderia deixar de lembrar outra — de oitenta a dois —, para pressionar o presidente Reagan a ser proativo na adoção do Protocolo de Montreal.[29]

Nem é preciso aprofundar tal comparação para que o Protocolo de Kyoto se mostre uma estrondosa vitória de Pirro para as pretensões do Sul contra o Norte, que já haviam sido inseridas na Convenção assinada em 1992.

Parte dos motivos talvez esteja na atribulação para que esse tratado básico ficasse pronto antes da Rio-92. A Assembleia Geral só desencadeou os entendimentos preparatórios às vésperas do Natal de 1990 e o decorrente comitê que redigiu a proposta de Convenção (o "INC") trabalhou a toque

---

[28] Somente seis nações que não faziam parte do G-77 não estavam no Anexo I: Albânia, Butão, Chipre, Coreia do Sul, Israel e México.

[29] Essa decisão ultrafavorável ao Protocolo de Montreal ocorreu em 5 de junho de 1987 e o significativo banimento antecipado ao Protocolo de Kyoto, em 25 de julho de 1997.

de caixa entre fevereiro de 1991 e maio de 1992. Ao lado disso, em vez de iniciar o trabalho pelo compromisso entre os países implicados, para apenas depois envolver os demais, como ocorrera na questão do ozônio, o Protocolo de Kyoto já foi resultante de negociação entre todas as nações que haviam assinado a Convenção em 1992.

Ou seja, concebida em quinze meses, essa Convenção (UNFCCC) foi primeiramente aclamada pelos 172 governos participantes da Rio-92, para que somente depois (via COPs) suas equivocadas generalidades passassem a ser convertidas, por todos, em medidas e ações concretas para mitigar o aquecimento global e alavancar a adaptação.[30]

Aparentemente, esse era um processo que poderia emular o sucesso obtido no equacionamento da questão do ozônio, mas mostrou-se uma gigantesca subestimação dos obstáculos que estavam sendo criados para que mais tarde viesse a ocorrer efetiva governança global da questão climática.

Além disso, a tentativa de imitar o Protocolo de Montreal estava fadada ao fracasso sobretudo porque, ao contrário do que ocorrera no caso do ozônio, o cálculo da relação custo-benefício nos Estados Unidos, o país mais responsabilizado pelo problema, era bastante negativo.

Interesse nacional

Para o ozônio, essa análise mostrara-se bem favorável, além de haver forte pressão da opinião pública e dos consu-

---

[30] Cinco anos de árduo trabalho, reconstituído por Joanna Depledge em pesquisa encomendada pelo secretariado da UNFCCC: "Tracing the origins of the Kyoto Protocol: An article-by-article textual history", Technical Paper, 25 de novembro de 2000. Disponível em: <http://unfccc.int/resource/docs/tp/tp0200.pdf>. Ver também Schröder (2001).

midores de CFCs para que fossem adotadas medidas preventivas contra o aumento dos riscos de câncer de pele. A resistência inicial das empresas afetadas — com realce para a DuPont — não demorou a ser substituída por firme aposta na renovação desse mercado pelo impacto de inovações tecnológicas bem previsíveis.

Os Estados Unidos chegaram a adotar regulações unilaterais antes que surgissem os primeiros sinais de que seria possível um acordo com os países europeus mais reticentes, liderados pelo Reino Unido e pela França. Ao contrário do que ocorreu nos países mais ao norte da Europa, principalmente os escandinavos, nesses dois países as empresas demoraram bastante para fazer a mesma aposta na inovação tecnológica. Isso se deu certamente por se sentirem bem menos pressionadas pelos consumidores e por saberem que seus governos tenderiam a enxergar o problema como mais uma nova manobra comercial dos Estados Unidos, semelhante ao episódio dos impactos ambientais da aeronave franco-britânica Concorde. Diante de agressiva liderança diplomática dos Estados Unidos ao longo dos anos 1980, esse comportamento reticente foi eliminado.

Com o carbono ocorreu o oposto. As elites dos Estados Unidos rapidamente perceberam que as ações mitigadoras iam contra o interesse nacional, pois se mostravam assustadores os prejuízos previstos em análises de custo-benefício.

Tal percepção, por si só, talvez não inviabilizasse alguma resultante política em favor da governança global da questão climática, na linha altruísta ardorosamente defendida por Al Gore. Todavia, somava-se à percepção da desfavorável relação custo-benefício a ausência de pressão da opinião pública, pois os previsíveis efeitos do aquecimento global não são nem um pouco parecidos com as alarmantes notícias sobre câncer de pele. Para completar, as empresas não se mostravam propensas a apostar na reconversão energética, pois decisivas inovações tecnológicas não estavam sequer no horizonte sensível.

Em tais circunstâncias, continua difícil saber se o maior responsável pela inocuidade do Protocolo de Kyoto foi a nada adequada percepção de vitória anti-imperialista cultivada pelo G-77+China ou a não menos risível incompetência diplomática do governo Clinton em mostrar aos seus aliados potenciais que havia na própria Convenção sobre Mudança do Clima uma lógica contrária ao interesse nacional dos Estados Unidos.[31]

Como não poderia deixar de ser, desse protocolo decorreu um fortíssimo processo de inércia institucional que tornou quase "teatrais" as subsequentes COPs, particularmente a de dezembro de 2009 em Copenhague, momento em que havia surgido a esperança de que nela se pudesse encontrar alguma maneira de reorientar as negociações.[32]

É indispensável realçar a importância do jogo diplomático entre os Estados Unidos e a China nessa significativa COP de Copenhague. Sem dar nenhum passo que pudesse ser malvisto por seus respectivos parceiros mais próximos, Obama e Wen Jiabao demonstraram ter mais interesses comuns que divergências, empenhando-se na manutenção do *status quo*, embora alguns de seus gestos tenham permitido que o fracasso pudesse ser atribuído apenas à China.[33]

---

[31] Há muitos artigos que exploram essa comparação entre os protocolos de Montreal e de Kyoto, mas nenhum deles chega a ser tão circunstanciado e incisivo quanto o de Sunstein (2007).

[32] Dois livros brasileiros sobre esse tema: Abranches (2010) e Viola *et al.* (2013).

[33] Tal como o fez Mark Lynas (2009), que participou da COP 15 na condição de jornalista e assessor das Maldivas.

Incapacidade

De qualquer forma, como foi mantida a linha essencial da Convenção e de seu Protocolo de Kyoto, a teatralidade das subsequentes COPs tornou-se mera pantomima. E com a de Durban, em 2011, emula-se o autoengano de que a comunidade internacional poderá anunciar em 2015 o efetivo enfrentamento da questão climática, com um acordo histórico que só entraria em vigor em 2020. Enquanto isso, o aumento das emissões tornará ainda mais dramática a probabilidade de que a elevação da temperatura média do globo seja muito superior a dois graus centígrados.

Nessa questão, a lei da inércia institucional ("path dependence") tende a inviabilizar soluções realistas, que poderiam começar a ocorrer somente com a precificação do carbono mediante taxa internacional, pesados investimentos nas pesquisas científicas e tecnológicas focadas na questão energética, com um período de transição fóssil em que carvão e petróleo seriam gradualmente substituídos por vários tipos de gases, muito menos nocivos. Nada a ver, portanto, com a ideia de estabelecer globalmente metas nacionais de redução das emissões causadas por setores produtivos.[34]

Também ficou bem claro, desde os anos 1990, que a proliferação de convenções e protocolos, com seus respectivos secretariados independentes, havia criado uma séria ameaça ao PNUMA. Esse Programa poderia vir a ser a principal vítima de seu próprio sucesso. Tantos feitos haviam gerado séria incoerência e fragmentação devido à multiplicação de instâncias decisórias autônomas, o que impedia que o sistema das Nações Unidas pudesse coordenar as instituições criadas no quarto de século que se seguiu à Conferência de Estocolmo.

---

[34] A mais completa exposição dessa tese foi feita por Helm (2012).

Assim, cinco anos antes da terceira megaconferência, em Joanesburgo, surgiram debates políticos e acadêmicos complicados e bastante confusos sobre a inevitabilidade de uma profunda reforma da governança ambiental global, mas quase inteiramente focada no sistema da ONU.[35]

O PNUMA deixava a desejar em termos de gestão coerente e coordenada dos processos políticos da sustentabilidade. Não se firmara como centro de gravidade dos principais acordos ambientais multilaterais, fazendo com que sua atuação ficasse mais caótica que o esperado.

Quatro características estruturais, que podem ter sido criadas com as melhores intenções, acabaram por inibir seu desempenho: 1) sua autoridade foi seriamente restringida pelo status que lhe foi atribuído no complexo sistema das Nações Unidas, como programa em vez de agência especializada; 2) mais atenção foi dada às necessidades e demandas dos Estados-membros do que à sua missão global; 3) sua estrutura financeira permitiu aos países perseguir seus próprios interesses, usando-a para fazer avançar suas próprias agendas, em detrimento de atividades internacionais ou globais; 4) a distância física dos centros de atividade política afetou negativamente sua capacidade de coordenar vários temas ambientais relacionados a outras instâncias, bem como sua capacidade de atrair pessoal de alto nível.

Inegavelmente, o PNUMA sempre ofereceu fortes vantagens comparativas no monitoramento ambiental, na ava-

---

[35] O debate foi desencadeado em 1998 por um parágrafo do relatório à Assembleia Geral da ONU sobre "Meio Ambiente e Assentamentos Humanos", elaborado por "task force" presidido pelo então diretor do PNUMA, Klaus Töepfer (A/53/463, de 6 de outubro de 1998). Nesse debate sobressaem-se as seguintes publicações: Hyvarinen e Brack (2000); Brack e Hyvarinen (2002); Rechkemmer (2005); Ivanova (2005); Swart e Perry (2007); Chen (2008); Le Prestre (2011).

liação e no compartilhamento de informações, além de também ter sido o fórum natural para uma razoável articulação internacional. No entanto, suas limitações estruturais o tornaram incapaz de ter visão e estratégia institucional de longo prazo.

Realizou muitos projetos para apoiar os esforços nacionais de conservação ambiental e desenvolveu a compreensão das necessidades globais básicas, mas somente a forte capacidade para facilitar a viabilização dos principais acordos multilaterais teria engendrado abordagem mais estratégica.

Compromissos

Assim, na virada do milênio estava bem nítido que a governança ambiental global exigia esclarecimentos sobre os mandatos de suas numerosas organizações, elaboração de uma visão mais clara, identificação das questões prioritárias a serem abordadas e das formas de levá-las à prática. Particularmente, sobre as competências e os recursos do principal órgão financiador, o Global Environment Facility (GEF), criado em 1991, mas também no relacionamento com as entidades operacionais, como o Programa das Nações Unidas para o Desenvolvimento (PNUD) e o Banco Mundial (BIRD).

É verdade que, nesse momento, o PNUMA havia passado a contar com o Fórum Global de Ministros, composto de todos os ministros de meio ambiente do mundo, deixando de ter apenas os 58 membros do conselho administrativo em sua estrutura. Essa foi uma forma de garantir a priorização eficaz das necessidades ambientais globais.

Todavia, logo depois o documento adotado pela terceira cúpula, conhecido por "JPOI" (Johannesburg Plan of Implementation), consagrou os últimos 33 de seus 170 parágrafos ao "quadro institucional do desenvolvimento sustentável", sem introduzir nenhuma alteração relevante na arquitetura das Nações Unidas relacionada à questão. Esse fato tornou obrigatório que o tema viesse a se constituir em um dos dois tópicos centrais da pauta da Rio+20.

Mesmo assim, em 2012 não houve a transformação em agência especializada, conforme proposta que já havia sido apresentada pela França em 2003 e apoiada na Rio+20 por firme aliança Europa-África.[36] Certamente era recomendada também pela esmagadora maioria dos estudiosos[37] que, nos catorze anos anteriores, haviam debatido os caminhos de uma reforma da governança ambiental global.[38]

Apesar disso, ainda poderá haver avanços consideráveis se realmente forem cumpridos os oito compromissos incluídos no parágrafo 88 da declaração "O Futuro que Queremos":

> "1) Adesão universal ao Conselho de Administração (em vez de apenas 58 países);
> 2) Adequado e crescente aporte de recursos financeiros, além do orçamento regular da ONU;

---

[36] O então presidente Jacques Chirac apresentou essa proposta à 58ª Assembleia Geral da ONU, em 23 de setembro de 2003: "Contre le chaos d'un monde secoué par les désastres écologiques, appelons à une responsabilité partagée, autour d'une Organisation des Nations Unies pour l'Environnement".

[37] Uma rara exceção está do capítulo de Adil Najam, em Brack e Hyvarinen (2002, pp. 32-43).

[38] Importante grupo dos pesquisadores que participam ativamente do debate sobre a "governança ambiental global" passou a preferir a expressão "governança do sistema Terra", embora também usem "governança global da sustentabilidade". Comparar: Biermann e Pattberg (2012); Biermann *et al.* (2012) e Biermann (2012). Ver também: <www.earthsystemgovernance.org>.

Governança ambiental global

3) Capacidade de coordenação e liderança de esforços para formular estratégias do sistema sobre o meio ambiente;
4) Forte interface ciência-política;
5) Divulgar e compartilhar informações baseadas em evidências ambientais e sensibilizar o público;
6) Proporcionar capacitação para países, assim como apoio e facilitação de acesso à tecnologia;
7) Consolidar a sede em Nairóbi, reforçando sua presença regional;
8) Garantir a participação ativa de todos os intervenientes relevantes, com base nas melhores práticas e modelos de instituições multilaterais pertinentes, e explorar novos mecanismos para promover a transparência e a participação efetiva da sociedade civil."

Também teve importância estratégica a decisão de que, paulatinamente, a "Comissão de Desenvolvimento Sustentável" (SDC), criada em 1992, seja substituída por um "Fórum de Alto Nível" que acompanhe a "implementação do desenvolvimento sustentável" (sic), evitando sobreposição de estruturas existentes.

Dinâmica complicada

Todavia, para melhor entender essa lentíssima mudança das instâncias das Nações Unidas envolvidas na governança ambiental global, é imprescindível examinar com mais detalhe quais foram as mudanças nas negociações ambientais multilaterais nos vinte anos subsequentes à Cúpula da Terra, não apenas o conjunto do processo, mas particularmente seus atores e suas principais pautas. Esse é um tipo de análise empírica que seria praticamente impossível sem o inestimável acompanhamento feito pelo *Earth Negotiations Bulletin* (*ENB*), do International Institute for Sustainable Development (IISD).[39]

Nos anos subsequentes à Rio-92, o confronto Norte-Sul se exprimia nas negociações internacionais por uma espécie de procedimento-padrão, em que a presidência abria uma reunião chamando os porta-vozes do G-77+China e da União Europeia. Em seguida, ocorriam pronunciamentos de alguns países específicos, que geralmente tinham início com o dos Estados Unidos, sem que isso necessariamente significasse divergência ou desautorização das duas coalizões cujas orientações haviam sido apresentadas pelo G-77+China e pela União Europeia.

Mudanças nas situações objetivas de muitos países, assim como novas questões que foram surgindo nas várias arenas de negociações,[40] engendraram diversificações internas a essas duas grandes coalizões. No caso da questão climática, também surgiram alguns "grupos de discussão" que reúnem países dos dois polos.

Nada disso parece ter amadurecido a ponto de alterar a prevalência do confronto Norte-Sul, além de ter dado origem a uma dinâmica muito mais complicada no que diz respeito à Comissão de Desenvolvimento Sustentável (SDC), à Con-

---

[39] Ver <www.iisd.ca>. As informações foram felizmente consolidadas no livro organizado por Chasek e Wagner (2012). Os próximos parágrafos, sobre coalizões, baseiam-se no capítulo 5 (pp. 85-106), de Lynn M. Wagner, Reem Haijar e Asheline Appleton: "Global Alliances to Strange Bedfellows: The ebb and flow of negotiating coalitions".

[40] Principalmente na Convenção sobre Mudança do Clima (UNFCCC), na Convenção sobre Diversidade Biológica (UNCBD), no Fórum sobre Florestas (UNFF) e na Comissão de Desenvolvimento Sustentável (SDC).

venção sobre Diversidade Biológica (UNCBD), à Convenção sobre Mudança do Clima (UNFCCC), e ao Fórum sobre Florestas (UNFF).

Na Comissão de Desenvolvimento Sustentável (SDC), logo dobrou o número de coalizões fundamentais, devido à consolidação de dois novos grupos: o dos países com economias em transição (essencialmente os da ex-URSS) e o de países não europeus da Organização para a Cooperação e Desenvolvimento Econômico (OCDE), conhecido hoje pela longa sigla JUSSCANNZ — Japão, Estados Unidos, Canadá, Austrália, Nova Zelândia, na época com adesão ainda incerta de outros países, principalmente Suíça e Noruega.

Assim, a partir de 2010, após as tradicionais preleções de abertura dos porta-vozes do G-77+China e da União Europeia, seguiam-se alocuções de representantes de até oito novos agrupamentos: 1) o dos países menos desenvolvidos; 2) o dos países "encravados" (sem acesso ao mar); 3) o das pequenas ilhas-estado do Pacífico; 4) o da aliança das pequenas ilhas-estado; 5) o da comunidade caribenha; 6) o do grupo africano; 7) o do grupo árabe; e 8) o Grupo do Rio.[41]

Já na negociação de um protocolo de biossegurança, no âmbito da Convenção sobre Diversidade Biológica (UNCBD), os grandes exportadores de grãos criaram o "Grupo de Miami",[42] com países de duas grandes coalizões — G-77 +China e JUSSCANNZ — que têm posição antagônica à persistente defesa do "princípio da precaução" pela União Eu-

---

[41] O Grupo do Rio, fundado em dezembro de 1986, é composto de países da América Latina e do Caribe: Argentina, Belize, Bolívia, Brasil, Chile, Colômbia, Costa Rica, Cuba, Equador, El Salvador, Guatemala, Guiana, Haiti, Honduras, Jamaica, México, Nicarágua, Panamá, Paraguai, Peru, República Dominicana, Suriname, Uruguai e Venezuela.

[42] O Grupo de Miami é composto de Argentina, Austrália, Canadá, Chile, Estados Unidos e Uruguai.

ropeia, que por sua vez contava com amplo apoio de países do Sul, mas em contradição com os principais emergentes.

Inovações

Para que tão complicada configuração de forças não travasse o processo, foi clarividente a atitude do ministro colombiano do meio ambiente Juan Mayr, presidente da Conferência das Partes (COP) de Cartagena, em fevereiro de 1999. Desde as negociações preparatórias, ele propôs que houvesse institucionalização dos posicionamentos que haviam aflorado até aquele momento. Isso deu origem a um "Grupo de Dez", composto de porta-vozes de seis agrupamentos: um dos países da Europa Central e do Leste, um da União Europeia, dois do Grupo de Miami, quatro da maioria dos países do Sul ("Like-Minded Group") e um do "Compromise Group": Coreia do Sul, Japão, México, Noruega e Suíça.

Ainda sob a condução de Mayr, os entendimentos vienenses de setembro de 1999 dariam origem a uma dinâmica negociadora que se tornaria exemplar sob a etiqueta de "Vienna Setting": uma mesa em que cada um dos seis agrupamentos era representado por dois porta-vozes auxiliados por no máximo dois assessores.

A essa e a várias outras inovações institucionais introduzidas por Mayr certamente se deve o progresso dos entendimentos que levaram, somente em 2010, ao reverenciado Protocolo de Nagoya, um dos raros exemplos de efetivo avanço na governança ambiental global posterior ao encaminhamento da recuperação da camada de ozônio, muito embora talvez seja cedo para que se tenha certeza disso.

Nada parecido ocorreu, por exemplo, com o Fórum sobre Florestas (UNFF), no qual as coalizões se desmontaram e se recompuseram, principalmente devido a uma divergência de fundo sobre o caráter de suas eventuais decisões: seriam ou não legalmente vinculantes ("legally binding")? Por outro lado, também houve a decisão sobre o modo de financiar a única proposta aprovada por unanimidade: a necessidade de criação de um Fundo Global para as Florestas.

O Norte se manteve mais ou menos unido em torno das posições da União Europeia, mas o Sul mostrou ter ao menos quatro grandes blocos: o Grupo Amazônico (Brasil, Colômbia e Venezuela), com apoio da Índia; o Grupo Latino-Americano Não Amazônico (Argentina, Chile, Costa Rica, Cuba, Guatemala e México), com apoio da China; o Sistema de Integração da América Central (SICA); e o Grupo Africano.

Foi semelhante a tendência das negociações sobre a Convenção sobre Mudança do Clima (UNFCCC). A antiga coalizão do Norte partiu-se em três, enquanto o Sul mostrava ter até sete subdivisões. Paralelamente surgiram dois amplos "grupos informais de discussão", que mesclam nações pertencentes aos dois polos.[43]

---

[43] As subcoalizões do Norte são: a) a União Europeia; b) o "Grupo Guarda-Chuva" (Austrália, Canadá, Estados Unidos, Islândia, Japão, Nova Zelândia, Noruega, Rússia e Ucrânia); e c) um pequeno "Grupo da Integridade Ambiental" (Coreia do Sul, México e Suíça). As subcoalizões do Sul são: a) o BASIC (Brasil, África do Sul, Índia e China); b) o grupo das pequenas ilhas-Estado cuja sigla é AOSIS; c) o grupo dos países menos desenvolvidos (LDCs); d) o Grupo Árabe; e) o Grupo Africano; f) a ALBA (Bolívia, Cuba, Equador, Nicarágua e Venezuela); e g) um grupo de países bem montanhosos, intitulado "Mountain Coalition Group". O "Major Economies Forum" chega a juntar até catorze países do Norte com até onze do Sul. E o "Cartagena Dialogue for Progressive Action" conta com dez do Norte e dezesseis do Sul.

Outros atores

Tudo isso mostra que, nos vinte anos posteriores à Eco-92, a diversidade de interesses nacionais e algumas mudanças objetivas na hierarquia internacional — principalmente pela ascensão econômica e política de uma "semiperiferia" — engendraram dupla dinâmica que, sem diminuir a dominante e inevitável oposição Norte-Sul, abre espaço para a emergência de contradições secundárias que necessitam de certa desagregação, mesmo que passageira, das duas mais amplas coalizões.

Em tais circunstâncias, certamente foi fundamental para um razoável desenrolar dos entendimentos o papel desempenhado por outros atores oficiais bem mais discretos que os governos nacionais: as burocracias internacionais criadas para a gestão dos acordos na forma de "secretariados". Coube a tais instâncias a delicada tarefa de gerir as inúmeras sobreposições que resultaram da forte proliferação de convenções, protocolos e aditivos que caracteriza o processo político multilateral do meio ambiente.[44]

No âmbito da perda de biodiversidade, o principal exemplo de sobreposição, os mais de 150 acordos internacionais somente puderam ser compatibilizados pela criação de uma ampla rede coordenada pelo secretariado da Convenção sobre Diversidade Biológica (UNCBD), que a partir de 2004 foi formalizada no "Biodiversity Liaison Group" (BLG). Essa articulação ganhou muita importância a partir de 2007, quando passaram a ser diretamente abordados os vínculos com a agenda climática. Em três anos a biodiversidade deixou de ser vítima passiva dos impactos do aquecimento glo-

---

[44] Cf. Sikina Jinnah, "Singing the Unsung: Secretariats in global environmental politics", em Chasek e Wagner (2012, pp. 107-26).

bal, com medidas de resposta ao desafio climático, particularmente em termos de adaptação.[45]

Além dessa discreta atividade dos secretariados, o processo multilateral de negociações ambientais tem sido muito influenciado por um terceiro componente, que além de extraoficial é barulhento: as Organizações Não Governamentais (ONGs), aceitas como interlocutoras da sociedade civil. Até a Rio-92 essa participação se restringia a um pequeno grupo de grandes ONGs internacionais credenciadas pelo ECOSOC. Depois desse encontro as ONGs saíram das galerias reservadas a distantes observadores para ocupar de forma ampla e sistemática um papel muito ativo em praticamente todos os entendimentos multilaterais sobre as instituições que regulam os problemas ambientais.

As diferenças nas dinâmicas das convenções (como a do clima ou a da biodiversidade) e dos fóruns (como o das florestas), assim como a enorme heterogeneidade que caracteriza a própria comunidade das ONGs, geram frequentes e nem sempre previsíveis mudanças de comportamentos, que podem ir do testemunho à denúncia, passando, na maior parte das vezes, por direto envolvimento na construção técnica das novas instituições.[46]

O desdobramento desses conflitos tem deixado muito claro que o grau de legitimidade de uma negociação ambiental multilateral depende cada vez mais desse envolvimento

---

[45] Embora mais recente, há algo similar no âmbito dos acordos relacionados com os químicos, com foco nas convenções de Roterdã, Estocolmo e Basileia: o "AHJWG", "Ad Hoc Joint Working Group on Enhancing Cooperation and Coordination".

[46] Por esse motivo o título do sétimo capítulo em Chasek e Wagner (2012, pp. 127-48): "Witness, Architect, Detractor: The evolving role of NGOs in international environmental negotiations".

construtivo das ONGs, principalmente quando elas estão em forte sintonia com a comunidade científica e conseguem boas articulações com os mundos empresarial e jurídico.

Três problemas

As principais questões do debate sobre a governança ambiental global não diferem, portanto, daquelas do debate sobre governança global do desenvolvimento: desigualdades, tendências de mudança e arquitetura organizacional.

No maior dos problemas, o da mudança climática, que é também o mais urgente, quarenta países eram os responsáveis por 80% das emissões de carbono em 2011. Mais de 50% das emissões podia ser atribuída a trinta países: China, Estados Unidos, os 27 da União Europeia e a Índia. Essa concentração ainda seria maior se fossem contabilizadas as emissões do consumo dessas populações, em vez das dos sistemas produtivos nacionais.

Esse panorama não poderá ser alterado apenas pelo incremento tecnológico na área energética. Se não surgir nas próximas décadas alguma inovação radical, o máximo que se pode esperar para 2050 é que as emissões de carbono estejam em níveis similares aos de hoje, apontando para um aquecimento global de ao menos quatro graus centígrados em longo prazo.[47]

Embora não seja absurdo supor que o projeto de globalização na linha do "Consenso de Washington" venha a dar lugar ao ainda incipiente "Projeto da Sustentabilidade", é forçoso constatar que as forças reformistas que o apoiam

[47] Cf. o relatório "World in 2050, the BRICS and Beyond: Prospects, challenges and opportunities", PwC, janeiro de 2013.

estão longe de prevalecer na complexa busca de uma saída da crise climática.[48]

E a governança ambiental no âmbito da ONU poderá avançar somente se houver real fortalecimento do Programa das Nações Unidas para o Meio Ambiente e efetiva substituição da Comissão de Desenvolvimento Sustentável pelo Fórum de Alto Nível. Todavia, enquanto não for possível alterar o sistema decisório, o mais provável é que avanços mais significativos venham a exigir prévias e decisivas mobilizações do G-20.[49]

---

[48] Conclusão a que chegaram Viola *et al.* (2013).

[49] Questão subestimada em Biermann (2012): <www.earthsystemgovernance.org>.

3.
CONSEQUÊNCIAS, PROJEÇÕES E PREVISÕES

Com quase setenta anos de governança global do desenvolvimento gravemente desconectada de preocupações com a biosfera (capítulo 1), e quarenta anos de governança ambiental global bastante prejudicada por tal incongruência (capítulo 2), é como se ainda não tivesse saído do papel o belo projeto de desenvolvimento sustentável consagrado na Rio-92.

Simultaneamente, com os avanços das pesquisas científicas sobre a situação concreta em que se encontram os ecossistemas, só poderiam ter aumentado as preocupações que motivaram a realização da Conferência de Estocolmo sobre o Meio Ambiente Humano, em 1972. O rumo da governança global certamente já teria deixado de ser tão temerário se os fatos tivessem um papel mais importante na formação dos julgamentos das pessoas, principalmente quando são tomadoras de decisão.

A evidência mais gritante está, sem sombra de dúvida, no desenrolar dos entendimentos políticos globais sobre a mudança do clima.

Por mais que discordem sobre o que deve ser feito em curto prazo, os corpos diplomáticos chegaram a uma raríssima unanimidade ao reconhecerem a necessidade de seguir uma das principais recomendações do Painel das Nações Unidas sobre Mudanças Climáticas (IPCC): cortar pela metade as emissões globais até 2050, para evitar aumento superior a dois graus centígrados em relação à temperatura média da era pré-industrial.

Todavia, o que realmente indica o quarto relatório do IPCC é que esse corte de 50% das emissões globais até 2050 implica risco, também de 50%, de que o aumento da temperatura média exceda os dois graus centígrados. E pior: mesmo um corte de 80% das emissões até 2050 ainda envolveria grave risco de que o limite estratégico de dois graus centígrados fosse ultrapassado. Algumas pesquisas indicam que tal risco nem seria anulado se as emissões fossem zeradas em 2050.

Na plenária final de uma das mais importantes conferências científicas sobre o clima, realizada em Copenhague em março de 2009, houve uma séria "saia justa" quando esse problema apareceu na última sessão, após a síntese das conclusões apresentadas ao então primeiro-ministro da Dinamarca, Anders Fogh Rasmussen. Ele reagiu muito mal, lembrando aos mais de mil pesquisadores presentes quanto havia sido difícil o processo de decisão europeu para que fosse fixado o objetivo de cortar as emissões em 50% até 2050, de modo a assegurar o aumento máximo de dois graus centígrados.

Quatro meses depois, José Manuel Durão Barroso, presidente da Comissão Europeia, reagiu de maneira ainda mais intensa, com fúria até, ao ouvir a mesma observação em encontro ministerial realizado no vilarejo de Are, a quinhentos quilômetros de Estocolmo. Nessa ocasião, o reparo foi feito por um convidado muito especial: Johan Rockström, professor de manejo dos recursos naturais na Universidade de Estocolmo e coordenador do melhor *check up* disponível sobre as condições ecológicas globais.[1]

---

[1] Tal incidente está relatado no capítulo "Science's role and responsability", o terceiro do livro de Johan Rockström com o político Anders

Coordenados por Rockström, 29 pesquisadores de primeira linha procuraram "identificar e quantificar as fronteiras ecológicas planetárias que não devem ser transgredidas", porque isso "pode ajudar a evitar que as atividades humanas causem mudanças ambientais inaceitáveis".[2]

SINAL VERMELHO

A primeira dessas fronteiras só poderia ser a da mudança climática, para a qual o processo conduzido pelo IPCC não leva a conclusões peremptórias, mas certamente permite a geração de consenso sobre o cenário probabilístico menos temerário.

Em especial, isso diz respeito à concentração de dióxido de carbono, em partes por milhão em volume (ppm de CO_2), que permitiria que o aumento da temperatura média não ultrapassasse os dois graus centígrados neste século. É provável que tal consenso científico agora esteja bem próximo dos 350 ppm propostos pelo grupo.[3]

Wijkman (2012, pp. 19-28). Sobre o relatório que confirmou e tornou mais precisas as conclusões do "Millenium Ecosystems Assessment" (WRI, 2005), ver Rockström et al. (2009a e 2009b): <www.ecologyandsociety.org/vol14/iss2/art32/>. Há também um longo "TED", com legendas em português: <http://www.ted.com/talks/johan_rockstrom_let_the_environment_guide_our_development.html>.

[2] Cf. lide da revista *Nature* no artigo de Rockström et al. (2009a): "Identifying and quantifying planetary boundaries that must not be transgressed could help prevent human activities from causing unacceptable environmental change".

[3] Ver Tabela 1, ao final do volume. O patamar de dois graus centígrados tem sido associado a 450 ppm de CO_2e (e = equivalente), que inclui todos os outros gases de efeito estufa (GEE), e menos de 450 se medido apenas em CO_2, como é o caso.

Na mesma linha, também é possível que o próximo relatório do IPCC aponte para a necessidade de uma meta de forçamento radioativo[4] de apenas 1 watt por metro quadrado, em vez do 1,5 watt indicado em 2009.

No entanto, nada de tão concreto pode ser dito sobre várias das outras fronteiras, a começar pela complexa questão da erosão da diversidade biológica.

Primeiro, porque é duvidoso que a taxa de extinção de espécies seja um bom parâmetro. Segundo, porque não parece ter fundamento a afirmação de que a extinção de uma em cada 100 mil espécies seja uma meta razoável.[5]

É muito difícil ter um bom cálculo aproximado do ritmo em que está ocorrendo a perda de biodiversidade.[6] Um dos melhores — se não o melhor — é o Global Living Planet Index, elaborado pela parceria do World Wildlife Fund (WWF) com a Zoological Society of London (ZSL), para o período 1970-2008. Esse índice indica um declínio de 28%, com base na observação de 9.014 populações de 2.688 espécies de vertebrados: pássaros, mamíferos, anfíbios, répteis e peixes.[7]

Entretanto, esses 28% resultam de brutais contrastes entre as zonas temperadas e tropicais, em geral um aumento de 31% das populações das zonas temperadas contra a queda de 61% das populações das zonas tropicais. Ainda nesses

---

[4] O forçamento radioativo indica alteração no balanço entre a radiação que entra e a que sai da atmosfera, provocado por mudanças nas concentrações de gases. Quando é positivo ele revela aquecimento. Ver: <www.mudancasclimaticas.andi.org.br/node/660> e <www.ipcc.ch/pdf/reports-nonUN-translations/portuguese/ar4-wg1-spm.pdf>.

[5] Conforme segunda linha da Tabela 1.

[6] O majoritário pessimismo foi contestado pelos ecólogos Costello, May e Stork (2013).

[7] Cf. "The Living Planet Index Database", WWF e The Zoological Society of London (2012).

números há fortes variações: para as espécies de água doce é registrado o aumento de 36% nas zonas temperadas contra a queda de 70% nas tropicais; para as marinhas, aumento de 53% contra queda de 62%; e para as terrestres, aumento de 5% contra queda de 44%.

Outro problema extremamente grave é o do nitrogênio, menos estudado e sobre o qual há muito menos consciência. Sua utilização talvez precise mesmo ser reduzida de 121 para 35 milhões de toneladas por ano. Todavia, fica extremamente difícil imaginar como será obtido tamanho corte, pois até agora o consumo de fertilizantes nitrogenados tem aumentado várias vezes mais que a produção agrícola.[8]

Embora seja um assunto praticamente esquecido, a verdade é que a síntese da amônia foi a inovação que mais revolucionou a produção alimentar, viabilizando gigantesca prosperidade e expansão demográfica no século XX. A redução do uso de fertilizantes nitrogenados poderá ser um desafio tão ou mais árduo do que a superação da matriz energética baseada em carvão, petróleo e gás.[9]

Sinal amarelo

Entre as principais fronteiras que não teriam sido ultrapassadas, duas ainda precisarão ser mapeadas para que recebam algum tipo de demarcação, por mais imprecisa que venha a ser: concentração de aerossol na atmosfera e contaminação química em geral.

Por incrível que pareça, foram justamente esses dois problemas que estiveram na raiz da consciência ambiental que emergiu em meados do século XX, e igualmente foram os

---

[8] Cf. ONU, PNUMA (2011, p. 21).

[9] Ver Smil (2004).

primeiros a ser combatidos por governos nacionais e regulados por inovadores instrumentos jurídicos internacionais para a conservação do meio ambiente. Contudo, sua quantificação é incerta, pois é difícil saber a quantidade de substâncias tóxicas que têm sido lançadas na natureza, ou a quantidade de particulados que estão no ar em determinado momento.

Outras cinco fronteiras ecológicas planetárias não parecem ter sido cruzadas, embora algumas possam estar prestes a sê-lo. De acordo com os parâmetros estabelecidos pelo grupo reunido pelo centro de resiliência de Estocolmo, liderado por Rockström, ainda existe uma margem para o aumento do consumo humano de água, para a destinação de mais solos à produção agrícola, para o despejo de fósforo nos oceanos, para que aumente o grau de acidificação destes e para que a camada de ozônio estratosférica não seja destruída.

Em síntese, fica bem claro nesse rápido sobrevoo do principal trabalho científico de referência que as fronteiras ecológicas globais podem ter sido bem identificadas, mas que o grupo não obteve êxito comparável ao procurar demarcá-las. Esse fato evidentemente complica muito a nobre ambição de não transgredi-las, e ainda mais a de saber quais seriam as mudanças ambientais realmente "inaceitáveis".[10]

Continua precário o conhecimento sobre os limiares das fronteiras ecológicas que poderiam delimitar um "seguro espaço operacional para a humanidade", conforme o título do artigo publicado em 2009 pelo grupo coordenado por Rockström na revista *Nature*. Aliás, é importante destacar que esse mesmo texto termina reconhecendo certa arbitrariedade de boa parte dos números utilizados, dada a grande dificuldade de quantificação.[11]

---

[10] A exposição mais sistemática do trabalho coordenado por Rockström foi feita por Lynas (2011).

[11] "Although we present evidence that three boundaries have been

Pegada Ecológica

No fundo, essa é exatamente a mesma dificuldade da Pegada Ecológica, procedimento bem mais acessível de avaliação de déficits ou saldos ecológicos, pela comparação entre a pressão que os humanos exercem sobre os ecossistemas e sua capacidade de regeneração, ou "biocapacidade".

Por "biocapacidade" entende-se a capacidade dos ecossistemas de produzir materiais biológicos úteis e absorver rejeitos gerados pelas populações humanas, de acordo com os atuais padrões tecnológicos e de manejo. Desde o início dos anos 1970, essa biocapacidade foi globalmente ultrapassada pela quantidade de terra e de água biologicamente produtivas, requeridas para produzir tudo o que é consumido pelos humanos e para absorver seus rejeitos, também de acordo com as usuais tecnologias e práticas de manejo.

A ideia de chamar essa pressão sobre a biocapacidade de "pegada" surgiu no início dos anos 1990, durante o processo de elaboração de tese de doutorado sobre planejamento urbano sustentável, defendida em 1994 por Mathis Wackernagel, sob a orientação de William Rees.[12]

A proposta inicial era calcular qual seria a "apropriada capacidade de carga" de áreas urbanizadas. Logo a ideia saltou para o âmbito incomparavelmente mais amplo de estimar o impacto humano sobre o planeta Terra, como diz o subtítulo do livro que a dupla lançou em 1996, dando origem à

---

overstepped, there remain many gaps in our knowledge. We have tentatively quantified seven boundaries, but some of the figures are merely our first best guesses" (Rockström *et al.*, 2009a, p. 475).

[12] A primeira publicação sobre Pegada Ecológica foi um artigo do orientador William E. Rees (1992).

dinâmica Rede Global da Pegada (GFN, Global Footprint Network).[13]

Tal mudança permite entender por que a Pegada Ecológica corresponde a um equivalente em área, sempre expresso em hectares globais (hag). O que ela procura indicar é a área da biosfera necessária para suportar determinada demanda exigida pelo consumo humano, seja individual ou coletivo, ou mesmo pelo consumo de determinado produto.

Essa mudança também explica por que não entra no cálculo o esgotamento de outros recursos importantes, como os minerais. Em última instância, a biocapacidade depende da renovação garantida pelo potencial de fotossíntese de cada área. Como os impactos ambientais resultantes da exploração de recursos não fazem parte da biocapacidade, eles apenas influenciam o cálculo pelo lado da pressão, ou da demanda.

Além disso, por razões práticas, o único rejeito das atividades humanas que realmente entra no cálculo é o das emissões de dióxido de carbono. Estão excluídos os demais gases de efeito estufa e uma infinidade de outras poluições tóxicas.

A despeito dessas limitações, a Pegada Ecológica é a única ferramenta disponível para que se possa ter uma estimativa mais geral da distância que separa a prosperidade do gênero humano daquilo que o grupo de 29 pesquisadores coordenado por Rockström denominou fronteiras ecológicas.

Conforme as estimativas do GFN, entre 1961 e 2008 a "pegada" aumentou de menos de 2,5 para 2,7 hectares globais *per capita* (hag/pc), enquanto a biocapacidade teve no mesmo período uma verdadeira queda livre: de mais de 3 hag/

---

[13] *Our Ecological Footprint: Reducing human impact on the Earth.* Wackernagel e Rees (1996). O link para o GFN é <www.footprintnetwork.org>.

pc para apenas 1,8 hag/pc. Assim, a "pegada" correspondia a pouco mais de 80% da biocapacidade em 1961, mas a 150% em 2008.

Em outras palavras, um saldo que em 1961 correspondia a quase 20% da biocapacidade se transformou, em 2008, em déficit ecológico de 50%. A humanidade passou a consumir, em um ano (2008), aquilo que a biosfera precisa de um ano e meio para regenerar.

"Overshooting"

A explicação dada pelo GFN para essa convivência da humanidade com um déficit ecológico de 50% se vale de uma simples analogia com uma conta bancária de cheque especial que tenha entrado no vermelho. Contudo, há uma diferença fundamental: esse tipo de conta bancária tem um limite muito bem estipulado, sobre o qual o titular não pode alegar desconhecimento. No caso da exploração excessiva dos ecossistemas ("overshooting"), a dificuldade está justamente em saber qual seria tal limite.

Será que o déficit ecológico global poderia mesmo passar dos atuais 50% para 80% em 2015, 100% em 2030, e 190% em 2050, como sugerem as projeções do GFN em cenário que assume mais do mesmo, isto é, o BAU ("business-as-usual" no jargão em inglês)?

Ou será que significativas mudanças políticas e socioeconômicas, capazes de alterar os atuais padrões de relacionamento da humanidade com o restante da natureza, poderiam evitar tais déficits por alteração da trajetória?

Felizmente, o exame dos principais componentes da Pegada Ecológica pode ajudar muito nessa especulação. Eles indicam que o "overshooting" se deve quase que inteiramente à falta de absorção e sequestro do carbono. Globalmente, esse fator foi responsável em 2008 por nada menos que 54,4% do total da "pegada".

O segundo lugar foi ocupado pela agricultura, com 21,9%, mas esse foi o único setor em que se constatou um leve excedente de consumo que minimizou a ultrapassagem: "pegada" de 0,59 hag/pc sobre 0,57 hag/pc de biocapacidade. Nos demais três setores havia saldos positivos em vez de déficit ecológico.[14]

Tais evidências sugerem que a estimativa do déficit ecológico global pode se resumir ao que frequentemente tem sido chamado de "pegada carbono", embora fosse bem mais apropriado dizer "carga carbono", já que quase sempre ela é expressa em peso (toneladas *per capita*, t/pc) em vez de área (hag/pc).

Isso não significa que a metodologia da Pegada Ecológica deveria se concentrar apenas na questão da mudança climática, pois nessa linha ela não permitiria que a grande maioria dos países pudesse identificar quais de seus setores seriam os mais deficitários, mesmo que isso não representasse sério problema para o pequeno grupo formado pelos países responsáveis por quase todas as emissões de gases de efeito estufa.

A principal resultante do trabalho de Wackernagel e Rees, levado adiante pelo GFN, está longe de ser apocalíptica, pois enfatiza que o desafio é aumentar o nível de consumo dos pobres com simultânea redução da Pegada Ecológica total da humanidade. Tal desafio pode ser enfrentado com sérios avanços tecnológicos, mudanças culturais e planejamento de longo prazo, mesmo que ainda venha a exigir muito tempo: algumas das décadas do século XXI, na melhor das hipóteses.

---

[14] Ver Tabela 4, ao final do volume.

Limites

Pode parecer incrível, mas tão otimista avaliação foi reiterada em 2004 por dois pesquisadores que eram tidos desde 1972 como os mais lídimos representantes do catastrofismo ecológico: Dennis L. Meadows, professor emérito da Universidade de New Hampshire, e Jorgen Randers, presidente emérito da Norwegian School of Management. Estes são dois dos principais autores do célebre relatório ao Clube de Roma que causou grande alvoroço às vésperas da Conferência de Estocolmo por enfatizar a existência de "limites" para o crescimento biogeofísico do sistema econômico.[15]

É muito estranho que até hoje esse relatório seja bombardeado por acusações de ter sido tão catastrofista quanto a equivocada avaliação de Thomas Malthus (1766-1834) sobre a impossibilidade de que a produção de alimentos acompanhasse a expansão demográfica. Por isso, é indispensável que seja revisitado quarenta anos depois.

Foram estas as conclusões do *The Limits to Growth* (*LTG*):

"1) Se as atuais tendências de crescimento da população mundial, industrialização, poluição, produção de alimentos, e esgotamento dos recursos naturais continuarem inalteradas, os limites do

---

[15] A avaliação está no prefácio (p. xiv) desses dois autores ao livro *Limits to Growth: The 30-year update* (2004). Donella H. Meadows, que também foi autora da atualização, faleceu subitamente em 2001. A primeira edição do relatório ao Clube de Roma, no livro de 1972, *The Limits to Growth*, teve como quarto autor William W. Behrens III. Essa publicação da Universe Books teve traduções em mais de trinta idiomas nos anos subsequentes.

crescimento neste planeta serão atingidos algum dia dentro dos próximos cem anos. O resultado mais provável será um declínio repentino e incontrolável da população e da capacidade industrial.

2) É possível alterar tais tendências de crescimento e estabelecer uma condição de estabilidade ecológica e econômica sustentável por muito tempo. O estado de equilíbrio global poderia ser projetado para que as necessidades básicas de cada pessoa na Terra sejam satisfeitas e que todas as pessoas tenham oportunidade de realizar seu potencial humano individual.

3) Se os povos do mundo decidirem lutar pelo segundo resultado, em vez do primeiro, quanto mais cedo começarem a trabalhar para alcançá-lo, maiores serão as chances de sucesso.

Essas conclusões são tão profundas e levantam tantas perguntas para estudos mais aprofundados que estamos francamente sobrecarregados pela enormidade da tarefa sobre tudo o que deve ser feito. Esperamos que este livro sirva para interessar pessoas, em muitos campos de estudo e em muitos países do mundo, a ampliar os horizontes de espaço e tempo de suas preocupações e se juntar a nós na ambição de compreender e se preparar para um período de grande transição — a transição do crescimento para o equilíbrio global."[16]

---

[16] Essas conclusões estão na página 29 do livro de bolso publicado em 1972 pela New American Library: "Our conclusions are: 1) If the present growth trends in world population, industrialization, pollution, food production, and resource depletion continue unchanged, the limits to growth on this planet will be reached sometime within the next one hundred years. The most probable result will be a rather sudden and uncontrollable decline in both population and industrial capacity. 2) It is possible

Tais conclusões não deveriam causar nenhum incômodo, muito menos choque, se tivessem sido publicadas, por exemplo, depois da divulgação do Relatório Brundtland, de 1987. Todavia, quinze anos antes foram três proposições que provocaram ampla rejeição,[17] e que, até hoje, não chegaram a ser assimiladas por importante segmento das elites, como mostra este curioso comentário do embaixador André Corrêa do Lago:

> "Publicado poucos meses antes da abertura da Conferência de Estocolmo (março de 1972), este documento apresentava perspectiva quase apocalíptica das consequências do 'progresso' nas bases em que se estava desenvolvendo. O livro refletia a visão de que a sociedade moderna se encaminhava para a autodestruição, visão cada vez mais explorada naquele momento, que fez que diversos autoto alter these growth trends and to establish a condition of ecological and economic stability that is sustainable far into the future. The state of global equilibrium could be designed so that the basic needs of each person on earth are satisfied and each person has an equal opportunity to realize his individual human potential. 3) If the world's people decide to strive for this second outcome rather than the first, the sooner they begin working to attain it, the greater will be their chances of success. — These conclusions are so far-reaching and raise so many questions for further study that we are quite frankly overwhelmed by the enormity of the job that must be done. We hope that this book will serve to interest other people, in many fields of study and in many countries of the world, to raise the space and time horizons of their concerns and to join us in understanding and preparing for a period of great transition — the transition from growth to global equilibrium".

[17] Uma síntese do debate travado em meados da década de 1970 sobre o *LTG* está no livro *Limits of a Modern World: A study of the 'Limits to Growth' debate*, de McCutcheon (1979).

res devolvessem popularidade às teorias de Thomas Malthus de que a população mundial ultrapassaria a capacidade de produção de alimentos. (...) As soluções apresentadas colocavam em questão diversos aspectos da sociedade industrial moderna, mas pressupunham a necessidade de ações drásticas nas áreas demográfica e de preservação de recursos naturais, 'problemas' associados aos países do Terceiro Mundo. Estes, naturalmente, viam com temor o apoio do Clube de Roma às ideias de alguns setores do movimento ecológico que interpretavam o desenvolvimento dos países pobres como uma ameaça para o planeta. Para estes setores, os países desenvolvidos poluem, mas, se os pobres se desenvolvem, a escala da destruição será muito maior."[18]

Moderação

Ao contrário do que parece supor esse tipo de retórica, as conclusões do *LTG* transcritas acima chegaram a ser bem moderadas, pois na parte mais pessimista elas começam com uma clara condicionante: "Se as atuais tendências de crescimento da população mundial, industrialização, poluição, produção de alimentos, e esgotamento dos recursos naturais continuarem inalteradas [...]". Ora, as tendências da chamada "Era de Ouro" da economia mundial (1948-1973) nunca mais foram sequer aproximadas e parece impensável que o sejam.

Em seguida, fazem o prognóstico de que, em tais condições — ou seja, caso essas tendências continuassem inaltera-

---

[18] Cf. Corrêa do Lago (2006).

das —, os limites do crescimento seriam atingidos algum dia dentro dos subsequentes cem anos. Isto é: 2072. Ora, como justamente a partir de 1973 uma conjunção de fatores, na qual se destaca a primeira grande crise do petróleo, deu início a uma séria redução do ritmo de expansão econômica global, só se pode concluir que, pelos critérios adotados no *LTG*, haveria probabilidade zero de que limites ao crescimento fossem atingidos neste século.

O que mais importa, contudo, não é discutir as motivações da perversa campanha que foi orquestrada contra esse relatório. Muito mais importante é entender o que foi apontado pelos autores como os limites à expansão da economia. Quem lê o *LTG* somente depois de ter sido influenciado pelo tiroteio de que foi vítima pode ficar muito surpreso em não encontrar no livro nenhuma das previsões que mais serviram a tantas tentativas de desacreditá-lo.[19]

Para vários cenários, ou "modelos mundiais", foram extrapoladas tendências sobre dezenove recursos naturais não renováveis[20] e mais duas dezenas de outras variáveis: crescimento econômico, produção industrial, poupança, consumo de aço, consumo de energia, população, natalidade, ingestão de calorias e proteínas, nutrição e expectativa de vida, produção alimentar, terras aráveis, fertilizantes, concentração de dióxido de carbono na atmosfera, lixo atômico, e poluições de vários tipos.

---

[19] Ver, por exemplo, M. R. Simmons, "Revisiting *The Limits to Growth*: Could the Club of Rome have been correct, after all?", *Energy Bulletin* [online] (2000), <http://www.energybulletin.net/1512.html>, *apud* Norgard *et al.* (2010, pp. 59-63).

[20] São eles: alumínio, carvão, cobalto, chumbo, cobre, cromo, estanho, ferro, gás natural, manganês, mercúrio, molibdênio, níquel, ouro, petróleo, platinados, prata, tungstênio e zinco.

Consequências, projeções e previsões

Além de não resultarem em qualquer previsão sobre o esgotamento dos recursos nos próximos cem anos, em nenhuma parte do *LTG* os autores negam a alta probabilidade de que mudanças tecnológicas possam alterar as perspectivas traçadas em seus comentários a 48 gráficos e seis tabelas.

Nada de malthusianismo, portanto. Ao contrário, o quarto capítulo, dedicado a esse tema, termina com uma observação que jamais poderia ser honestamente desmerecida contra qualquer rejeição irracional dos benefícios do avanço tecnológico, mas também contra a sua irracional aceitação: "Talvez a melhor síntese de nossa posição seja o mote do Sierra Club, que diz 'Nenhuma cega oposição ao progresso, mas oposição ao progresso cego'".[21]

Confirmação

A verdade é que o *LTG* deve ser considerado bem otimista, se comparado, por exemplo, à sua primeira atualização, feita vinte anos depois, sob o impulso do agendamento da Rio-92. Em *Beyond the Limits* (*BTL*), elaborado pelos três principais autores do *LTG*, toda ênfase foi posta na constatação de que a excessiva alteração ecossistêmica já configurava a transgressão dos limites ("overshooting").[22]

---

[21] "We would deplore an unreasoned rejection of the benefits of technology as strongly as we argue here against an unreasoned acceptance of them. Perhaps the best summary of our position is the motto of the Sierra Club: 'Not blind opposition to progress, but opposition to blind progress'" (*LTG*, p. 160).

[22] "*BTL* repeated the original message; in 1992 we concluded that two decades of history mainly supported the conclusions we had advanced 20 years earlier. But the 1992 book did offer one major new finding. We suggested in *BTL* that humanity had already overshot the limits of Earth's

Ainda assim, o último capítulo da segunda atualização, de 2004, dedicado às "ferramentas para a transição à sustentabilidade", transmite tanta confiança no futuro que chega mesmo a destoar do diagnóstico, feito em três etapas: a) estatísticas sobre o crescimento exponencial, considerado como força motriz; b) limites, agora com separação entre fontes renováveis, fontes não renováveis e sumidouros; c) cenários obtidos pelas projeções feitas pela segunda versão do modelo "World3".[23]

Quase quarenta gráficos — doze sobre o aumento das pressões antrópicas e 26 sobre os limites biogeofísicos — confirmam os cálculos agregados feitos a cada dois anos pela rede da Pegada Ecológica. E as doze figuras da parte dedicada a explicar as projeções são bem convincentes sobre a evidência de que a humanidade já ultrapassou o marco do nível sustentável, mas não o suficiente para engatilhar mudanças que façam declinar sua Pegada Ecológica.[24]

Essa antevisão, de que somente depois de severas crises é que poderão emergir ações realmente decisivas na direção de um futuro sustentável, corresponde à opinião de Dennis Meadows. Ela difere tanto do ponto de vista de sua falecida esposa, que manifestava um "incessante otimismo" na capacidade de as pessoas poderem mudar radicalmente de atitude desde que bem informadas, como do de Jorgen Randers, que tem convicção diametralmente inversa, qualificada de "cínica". Para este a humanidade continuará na busca de seus

---

support capacity. This fact was so important that we chose to reflect it in the title of the book" (Meadows *et al.*, 2004, p. xii).

[23] O *LTG* também foi confirmado pela pesquisa de Turner (2005).

[24] "Humanity is in overshoot when the human ecological footprint is above the sustainable level, but not yet large enough to trigger changes that produce a decline in its ecological footprint" (Meadows *et al.*, 2004, p. 174).

anseios de curto prazo, ignorando os sinais até que seja tarde demais. Com tristeza, Randers pensa que a sociedade não optará por um admirável mundo novo de desenvolvimento sustentável.[25]

Descolamento relativo

As chances de confirmação para o "incessante otimismo" de Donella H. Meadows dependem das possibilidades de "desmaterialização", de aumento da "ecoeficiência", ou do "descolamento" entre impactos ambientais e crescimento econômico, três formulações para um mesmo fenômeno.

Todavia, há muitas evidências contrárias à tese de que aí estaria a grande saída rumo ao desenvolvimento sustentável, pois o "descolamento" ("decoupling") não seria absoluto, mesmo em casos nos quais ele tem se mostrado bastante positivo.

Como exemplo, as acentuadas quedas de intensidade carbono, ou da própria intensidade energética da economia global. Hoje, a quantidade de energia primária por unidade de produto é um terço menor do que era em 1970, um fenômeno que foi três vezes mais rápido nos países da Orga-

---

[25] "Dana was the unceasing optimist. [...] Jorgen is the cynic. He believes that humanity will pursue short-term goals [...] to the bitter end, ignoring the increasingly clear and strong signals until it is too late. He is sad to think that society will voluntary forsake the wonderful world that could have been. Dennis sits in between. He believes actions will ultimately be taken to avoid the worst possibilities for global collapse. He expects that the world will eventually choose a relatively sustainable future, but only after severe global crisis. [...] It is impossible to combine these three outlooks in one common view of the most likely global future. But we do agree on what we hope might happen" (Meadows *et al.*, 2004, p. xvi).

nização para a Cooperação e Desenvolvimento Econômico (OCDE).

Nos Estados Unidos e na Grã-Bretanha, a atual intensidade energética é 40% inferior à de 1980. Como consequência, essa maior eficiência no uso dos recursos energéticos também engendrou fortes quedas de intensidade carbono.[26]

Tal tendência, contudo, não foi igualmente favorável em termos absolutos, muito pelo contrário. As emissões de dióxido de carbono resultantes do uso de energias fósseis aumentaram 80% desde 1970. Em 2009 elas eram quase 40% superiores às de 1990, ano de referência do Protocolo de Kyoto. E a partir de 2000 voltou a aumentar muito o uso de carvão mineral, a mais prejudicial dentre as energias fósseis consideradas — petróleo, gás e carvão.

A falta de correspondência entre as alterações absolutas e relativas do uso de recursos naturais é ainda mais chocante para os metais. Nos casos do cobre e do níquel, nem é possível constatar descolamento, mesmo que relativo, e recentemente também deixou de ocorrer com o ferro e com a bauxita. A extração desses quatro metais primários tem aumentado mais que a produção global de mercadorias. Ainda pior é o panorama do lado dos minerais não metálicos: a produção de cimento mais que dobrou desde 1990, ultrapassando em 70% o crescimento econômico global medido pelo PIB.

O avanço tecnológico não parece dar conta dos dois outros fatores que mais contribuem para o impacto ambiental das atividades humanas: o tamanho da população e seu nível de afluência. A inovação que gera o descolamento também é incapaz de reduzir a pressão absoluta sobre os recursos naturais sempre que seus efeitos se chocam com esses dois aumentos: o populacional e de seus níveis de consumo.

---

[26] Cf. Jackson (2009).

Muitas vezes o descolamento também não se traduz em menor pressão absoluta sobre os recursos naturais por causa de um efeito "de rebote" ("rebound effect"). A poupança obtida com o aumento de eficiência energética tende a ser empregada no consumo de outros bens e serviços, com custos energéticos que podem provocar um jogo de soma zero, situação descrita como "tiro pela culatra" ("backfire").[27]

Além disso, a noção de descolamento é contrariada pela simples possibilidade de lançamento de novos produtos que sejam menos ecoeficientes. A dinâmica inovadora, que constitui uma das principais forças motrizes da economia capitalista, não permite que as empresas garantam sua sobrevivência apenas pela busca de minimização de custos. É vital para sua adaptação que procurem lançar novidades mais atraentes e estimulantes para os consumidores, mesmo que mais caras e utilizando mais recursos naturais.

Picos

No entanto, a partir de outubro de 2011 começaram a surgir indícios favoráveis ao mencionado "incessante otimismo". Algumas evidências que parecem confirmar a hipótese do descolamento absoluto foram divulgadas no pioneiro estudo intitulado "Peak Stuff", sobre o caso específico do Reino Unido, feito pelo pesquisador independente Chris Goodall.[28]

---

[27] Cf. Sorrell (2007).

[28] Chris Goodall, "'Peak Stuff': Did the UK reach a maximum use of material resources in the early part of the last decade?", 13 de outubro de 2011. Disponível em: <http://www.carboncommentary.com/wp-content/uploads/2011/10/Peak_Stuff_17.10.11.pdf>.

Ele reuniu uma série de dados empíricos capaz de mostrar que esse país começou a reduzir seu consumo agregado de recursos "físicos" em algum momento do período 2001-2003. As evidências se referem a uma ampla gama de bens, que vão da água ao papel, passando por materiais de construção, sem deixar de lado os impactos das importações, como ocorre com frequência nos debates sobre a mitigação do aquecimento global.

As séries estatísticas utilizadas foram as contas de fluxos materiais elaboradas pelo "Office of National Statistics" (ONS), que permitem o cálculo de três interessantes índices compostos.[29] O primeiro estima a extração doméstica total ("Total Domestic Extraction", TDE). O segundo acrescenta importações e deduz exportações, indicando o consumo material direto ("Direct Material Consumption", DMC). E o terceiro incorpora estimativas dos materiais utilizados em outros países para produzir os bens importados pelo Reino Unido ("Total Material Requirements", TMR). Um resumo dos resultados desses três índices para o período 2001-2009 está na Tabela 5, ao final do volume.

Se os dados se referissem apenas a 2009, a queda poderia ter sido atribuída à recessão iniciada em 2008. Também é importante registrar que a população do Reino Unido aumentou 2,4% entre 2003 e 2007. Então, resta saber a data do início dessa reversão de tendência que resultou em descolamento absoluto. Isso pode ser verificado mediante comparações entre os picos de consumo de alguns insumos anteriores a 2007, ano de pico do PIB e do PNB.

---

[29] Os dados estatísticos dos "Material Flow Accounts" consideram três grandes segmentos ou tipo de insumos usados pela economia para geração de valor, que depois geram rejeitos: biomassa, minerais e combustíveis fósseis.

Além dos oito insumos apresentados na Tabela 6, o estudo de Goodall também considera outros casos, como o do registro de novos automóveis, do consumo de eletricidade nas residências, e das viagens. Eles também parecem confirmar tendência de queda no mesmo período, mas com indicações bem menos nítidas. Essa revisão de evidências mais específicas deixa claro que as estatísticas sobre consumo de vestuário ("clothing") indicam, ao contrário, altas superiores às do PIB e do PNB até o limiar da recessão de 2008.

Enfim, foi Goodall quem fez a primeira demonstração explícita de que o descolamento absoluto é mesmo possível.[30] Ele não pretendeu ir além da explicação baseada no uso mais eficiente dos recursos engendrada pelo progresso tecnológico, mas informa sobre duas outras hipóteses sugeridas por leitores de versões preliminares de seu estudo: o pico de mudanças de residência ocorrido em 2002, e a desigualdade de renda prevalente até 2007, que fez com que a renda disponível permanecesse estagnada para 99% da população do Reino Unido.

Seja qual for a melhor explicação, são evidências que, pela primeira vez, tornaram razoável a hipótese da inexistência de incompatibilidade entre crescimento econômico e sustentabilidade. Ou melhor: de que não será sempre obrigatório que o crescimento de uma economia avançada turbine a pressão sobre os recursos naturais. O crescimento econômico desse tipo de economia pode ser capaz de não exigir aumento proporcional (ou mais do que proporcional) dos volumes de bens materiais consumidos.

---

[30] Embora não tenha sido apresentado da mesma forma, um fenômeno idêntico pode estar ocorrendo em outras economias avançadas, como mostra, por exemplo, o "Sustainability Monitor for the Netherlands 2011": <www.pbl.nl/sites/default/files/cms/publicaties/MDN_2011_ENG_Miniboek.pdf>.

Em tal perspectiva, como uma economia "madura" não seria necessariamente sem crescimento, a principal interrogação sobre a sustentabilidade do desenvolvimento passaria a ser, então, o prazo necessário para que a maior parte da economia global pudesse "amadurecer", já que atualmente existem no máximo duas dezenas de economias semelhantes ou comparáveis à do Reino Unido.[31]

Ponto de virada?

Na exata contramão do "incessante otimismo", permanece forte a tese de que o crescimento econômico será inexoravelmente inviabilizado por falta dos recursos naturais que se tornaram decisivos com a Revolução Industrial e seus posteriores desdobramentos no âmbito da inovação científico-tecnológica, particularmente os energéticos. Essa tese tende a ganhar mais audiência em períodos de crises econômicas que costumam ser causadas por crises financeiras.

Na esteira da crise iniciada em 2007-2008, tiveram impacto midiático ao menos três livros com sombrios prognósticos sobre as próximas décadas, todos baseados em evidências sobre a depleção de recursos naturais exauríveis. Um

---

[31] Foi com idêntica interrogação, sobre esse drama entre o "em tempo" e o "tarde demais", que o famoso jornalista científico Fred Pearce concluiu um amplo dossiê publicado pela revista *New Scientist*, em junho de 2012, sobre a questão que Goodall chamou de "Peak Stuff" e que ele preferiu rebatizar de "Peak Planet". Mesmo que não se compare em rigor analítico ao pioneiro trabalho de Goodall, esse dossiê apresenta dados muito interessantes mediante uma dezena de comunicativos gráficos. Um dos mais impressionantes mostra fortes quedas no consumo de água entre 2005 e a crise que teve início em 2007-2008, especialmente na Alemanha, no Reino Unido e no Japão, e uma quase estabilização no caso dos Estados Unidos. Ver <www.newscientist.com/article/dn21886-peak-planet-are-we-starting-to-consume-less.html>.

Consequências, projeções e previsões

garante que tal desastre ocorrerá até 2020, no máximo até 2030.[32] Outro prefere não entrar em previsões sobre prazos para melhor enfatizar a inevitabilidade do fim do crescimento.[33] E o terceiro vai até mais longe, garantindo que o crescimento já terminou por razões que seriam insuperáveis.[34]

O denominador comum desses ensaios é a inferência de que limites físicos causarão neste século uma ruptura ("crash", "end", "disruption") do processo de crescimento econômico, que obrigará as sociedades humanas a se adaptarem a circunstâncias inteiramente inéditas, algo que Paul Gilding, o autor do terceiro ensaio, chega a anunciar como "o nascimento de um novo mundo". E nenhum deles se diz pessimista sobre tal readequação, mesmo que, evidentemente, nada possa ser vislumbrado sobre o que poderia vir a ser essa era do pós-crescimento.

Não há dúvida de que um grande estímulo para esse gênero de previsões é fornecido por pesquisadores das ciências naturais quando fazem uso abusivo da noção "ponto de virada" ("tipping point"),[35] em geral para se referirem a

---

[32] Cf. Martenson (2011).

[33] Cf. Heinberg (2011).

[34] "What I am arguing is that growth has effectively ended for reasons that are now locked in" (Gilding, 2011, p. 67).

[35] Ainda maior impacto causou a expressão "ponto de não retorno", empregada pelo cientista britânico James Lovelock em artigo e entrevista para o jornal *The Independent* no início de 2006, às vésperas do lançamento de seu penúltimo livro, com título estranhamente animista: *A vingança de Gaia*. Seis anos depois, obteve ainda mais repercussão a sua guinada de 180 graus: em abril de 2012 ele disse à rede MSNBC que ninguém sabe o que está ocorrendo com o clima, embora muitos achassem que sabiam: "Isso levou à publicação de alguns livros alarmistas, inclusive os meus". Ver <http://worldnews.nbcnews.com/_news/2012/04/23/11144098-gaia-scientist-james-lovelock-i-was-alarmist-about-climate-change?lite>.

eventos a partir dos quais certos sistemas mudam irreversivelmente de um estado para outro. Seu sentido bem mais corrente é explorado no *best seller* do escritor da revista *New Yorker* Malcolm Gladwell: instantes críticos nos quais surgem mudanças que, embora pequenas, surtem um efeito extraordinário.[36]

Com certeza foi essa a razão que levou uma das mais importantes revistas científicas do mundo — *Proceedings of the National Academy of Sciences* (*PNAS*) — a preferir a expressão "tipping elements" para seu número especial sobre o tema.[37] Ou, muito melhor, simplesmente acabar com tanta ambiguidade ao trocá-la pela expressão mais apropriada "mudança de estado" ("state shift"), como fizeram os dezesseis autores de um excelente balanço sobre o tema publicado na revista *Nature*.[38]

Não existe nos sistemas biológicos algo que possa ser definido como estabilidade ou equilíbrio. Ao contrário, seu comportamento é sempre instável e em desequilíbrio, mesmo que as variações em determinado período possam ser percebidas como desvios em relação a uma média, o que costuma levar ao erro de deduzir que essa média seria um ponto de equilíbrio.

Nessa dinâmica, a mudança de um estado para outro pode ser causada tanto por efeito de "limiar" ("threshold") como por efeito de "marretada" ("sledgehammer"). O segundo, cujo exemplo mais simples está no desmatamento com o uso de correntão, nada tem de surpreendente, em opo-

---

[36] Cf. Gladwell (2009).

[37] "Tipping Elements in Earth Systems — Special Feature", *Proceedings of the National Academy of Sciences of the United States of America*, vol. 106, nº 49, 8 de dezembro de 2009. Disponível em: <www.pnas.org_cgi_doi_10.1073_pnas.0911106106>.

[38] Artigo de 7 de junho de 2012: Barnosky *et al.* (2012).

sição ao de "limiar", pois este é um processo incremental e cumulativo que atinge um ponto crítico, impossível de ser antecipado. Nos dois casos a mudança de estado é abrupta e leva a outro patamar (ou média de desvios) fora da faixa das flutuações observáveis no estado anterior.

As mudanças de estado causadas por efeito de "limiar", também chamadas nesse balanço da revista *Nature* de "transições críticas", costumam ser irreversíveis, como indicam os sete casos mais conhecidos: a última transição de glacial para interglacial, as cinco grandes extinções, e a explosão cambriana. Mas esse conhecimento não parece contribuir muito para a identificação dos sintomas, ou sinais de aviso, de que outra dessas transições críticas poderia estar próxima.

Cisnes negros

É muito baixa a capacidade de antecipação ou de previsão biológica. Para ampla gama de ecossistemas constata-se, ao contrário, prevalência de "surpresas ecológicas", que sugerem total impossibilidade de predição para alguns fenômenos. Trata-se da ocorrência do altamente improvável, ou a chamada "lógica do Cisne Negro", segundo a qual certos eventos podem ser causados ou exacerbados justamente por serem inesperados — em outras palavras, quando o que não se sabe se torna mais relevante do que o que se sabe.[39]

Para os dezesseis cientistas que fizeram o citado balanço na revista *Nature*, uma nova mudança de estado em escala planetária é altamente plausível e envolve duas enormes incertezas: quanto a sua inevitabilidade e quanto ao prazo em que ocorreria, caso inevitável. Chegam a dizer que podem ser décadas ou séculos, se a mudança de estado já não tiver co-

---

[39] Ver Lindenmayer *et al.* (2010) e Taleb (2011).

meçado, pois os critérios que poderiam ajudar nessa avaliação continuam evasivos ou fugazes ("elusive").

Assim, por mais graves que sejam as consequências já conhecidas da difícil governança ambiental global, não há base científica para que se afirme que "estamos muito próximos de um ponto de saturação, no qual a biosfera não tem como aguentar estresse adicional".[40] Ou, de forma ainda mais catastrófica, que "o planeta está batendo no ponto de não retorno".[41]

Com isso, se não há colapso ambiental global no horizonte não se pode mesmo esperar que processos locais como os de Ruanda e do Haiti sejam suficientes para que, no âmbito da governança global, preocupações com a sustentabilidade passem a ser consideradas ao menos tão importantes quanto as que ameaçam a segurança ou a estabilidade econômica.[42]

Há quem se indigne diante de tal situação por considerar que as projeções e previsões apresentadas acima seriam mais do que suficientes para que o chamado "princípio da precaução" fosse levado a sério pela comunidade internacional. Essa questão será abordada no próximo capítulo, dedicado à procura de uma explicação mais geral para o conjunto de evidências apresentadas até aqui.

---

[40] Essa frase está na abertura do primeiro capítulo do livro de Rockström e Wijkman (2012, p. 1).

[41] Como teria dito Jeffrey Sachs em discurso nas Nações Unidas, conforme Chiaretti (2012).

[42] Não é frequente que sejam lembradas as razões eminentemente ambientais das tragédias de Ruanda e do Haiti. Por isso, são altamente recomendáveis os capítulos 10 e 11 de Diamond (2005, pp. 377-428).

4.
DÁ PARA ENTENDER?

Por mais graves que sejam as consequências da contradição entre as duas governabilidades globais abordadas nos capítulos 1 e 2, isso não significa que as decorrentes projeções e previsões apresentadas no capítulo 3 possam ser percebidas como ameaças imediatas ou de curto prazo. Por isso, até aqui elas foram insuficientes para que a sustentabilidade fosse alçada ao topo da agenda das mais altas instâncias de governança, como são, por exemplo, o Conselho de Segurança da ONU, o G-20, o FMI, a OMC, o Banco Mundial, ou mesmo o Tribunal de Haia.

No entanto, poder-se-ia imaginar exatamente o inverso se a referência fosse, por exemplo, a célebre Declaração do Rio (1992). Ou mesmo, a despeito de terem embutido sintomático viés cognitivo, o "plano" adotado em Joanesburgo (2002)[1] e o panegírico da Rio+20 intitulado "O Futuro que Queremos" (2012).

Conforme avaliação que parece ser respaldada por grande parte dos corpos diplomáticos das 132 nações que compõem o G-77+China, a Declaração do Rio teria falhado por falta de destaque a um dos "três pilares" do desenvolvimento sustentável — o social —, segundo a fórmula que se tornou

---

[1] "Plan of Implementation of the World Summit on Sustainable Development" (JPOI).

um mantra em todas as negociações multilaterais desde 2002 em Joanesburgo.[2]

A verdade, contudo, é que em 1992 essa bizarra parábola dos "três pilares" nem sequer havia sido inventada. Ela só começou a ser difundida a partir de 1997, e no contexto das empresas, não das nações.

Em obra que se tornou um clássico da pedagogia empresarial, seu criador, o consultor britânico John Elkington, salienta a necessidade de uma gestão voltada a três dimensões, que em inglês começam pela letra "p": "profit", "people" e "planet".[3]

Tão forte foi a influência dessa tirada — mais conhecida como "triple bottom line" — que cinco anos depois ela já tinha sido alçada ao documento da cúpula de Joanesburgo, em choque aberto com o terceiro princípio da Declaração do Rio, que precisa ser conhecido em inglês, pois a tradução oficial do governo brasileiro contém uma incrível distorção:

"3) *The right to development must be fulfilled so as to equitably meet development and environmental needs of present and future generations.*

3) O direito ao desenvolvimento deve ser exercido de modo a permitir que sejam atendidas equitativamente as necessidades das gerações presentes e futuras."[4]

---

[2] Diferentemente da reclamação de Rachel Kyte, no "Forward" de World Bank (2012), segundo a qual o pecado da Rio-92 teria sido o de enfatizar demais a questão social em detrimento do crescimento econômico! Ver capítulo 1, nota 24.

[3] Ver resenha do livro *Sustentabilidade: canibais com garfo e faca*. Cf. Veiga (2011).

[4] Cf. transcrição na p. 269 do livro de Corrêa do Lago (2006).

Na versão original, o advérbio "equitably" (equitativamente) não se refere apenas às gerações presentes e futuras, mas também às necessidades "desenvolvimentistas e ambientais". Isto é, esse princípio reafirma o casamento indissolúvel estabelecido desde a primeira megaconferência (Estocolmo, 1972), no qual desenvolvimento e meio ambiente são "integrais e indivisíveis", na fórmula de Strong. Ao suprimir as qualificações do substantivo "necessidades", a tradução brasileira é radicalmente infiel ao texto da Declaração.[5]

Seria ingenuidade supor que tenha sido um simples deslize dos tradutores, pois facilita gravíssima manipulação na narrativa oficial da diplomacia brasileira sobre o significado da Cúpula da Terra.

Ao enfatizar que a Rio-92 foi convocada após a publicação do Relatório Brundtland, cuja ampla divulgação permitiu que novos aspectos enriquecessem o debate em torno do meio ambiente, o embaixador André Corrêa do Lago acrescenta uma afirmação que é simplesmente inverídica:

> "O relatório introduziu, igualmente, novos enfoques e cunhou o conceito de desenvolvimento sustentável, objetivo que exige equilíbrio entre 'três pilares': as dimensões econômica, social e ambiental."[6]

Nada permite inferir da leitura do Relatório Brundtland que o desenvolvimento sustentável teria apenas três dimen-

---

[5] De resto, a ambiguidade jurídica do termo "necessidades" reforça o problema na falta de clareza sobre o que seria o direito individual e o dever de Estado em relação ao meio ambiente conservado. E ficariam de fora todos os ideais e ambições humanas que não fossem assimiláveis a "necessidades".

[6] Corrêa do Lago (2006, p. 18, grifo meu, JEV).

sões. Ainda menos que essa noção poderia ter sido manchada pela metáfora mecânica de "pilares" a serem "equilibrados". Ao contrário: nas raras vezes em que o relatório usa o termo "dimensões", apresenta longas listas, e que terminam com significativos "etc.".

Na retrospectiva sobre a Rio-92, o embaixador também afirma que a noção dos "três pilares" teria favorecido o entendimento entre os dois blocos, desenvolvidos e subdesenvolvidos. Chega mesmo a comemorar a derrota de Maurice Strong em sua pretensão de fortalecer o PNUMA, usando o argumento de que ele cuida de apenas um dos "três pilares".[7]

Armadilha

Essa operação "três pilares" tornou possível um truque: afirmar que o meio ambiente não passaria de um terço do desenvolvimento sustentável, em vez de reforçar o entendimento do meio ambiente como base e condição material — biogeofísica — de qualquer possibilidade de desenvolvimento humano; e, o que é pior, em vez de promover a necessidade de integração de todas as dimensões envolvidas na questão.

Aos protagonistas dessa pirueta nem ocorrem dúvidas acerca da importância de outras dimensões, como, por exemplo, da "política"[8] ou da "segurança", no lado do desenvolvimento, assim como das dimensões "climática" ou da "biodiversidade", no lado da sustentabilidade.

Não lhes interessa a coerência cognitiva dessa fábula dos "três pilares", mas tão somente a vantagem prática que

---

[7] Cf. Corrêa do Lago (2006, pp. 56 e 77).

[8] Neste sentido, é imperdível o vídeo do perspicaz discurso de dez minutos à plenária da Rio+20 feito pelo presidente do Uruguai, José Mujica, em junho de 2012: <www.youtube.com/watch?v=zsOGZKRVqHQ>.

ela oferece ao propósito de tripudiar para obter o rebaixamento do meio ambiente nas tratativas diplomáticas multilaterais. Essa intenção foi escancarada durante a preparação da Rio+20 por representantes do governo brasileiro, ao dizerem que tal conferência deveria ser "sobre desenvolvimento, não sobre meio ambiente". Ou mesmo pregarem a necessidade de "desambientalizá-la".

Ainda mais grave, contudo, é que o documento "O Futuro que Queremos" acabou confirmando a mutação que já havia sido selecionada em Joanesburgo, potencializando o descumprimento do terceiro princípio da Declaração do Rio.[9]

Nenhum dos possíveis retrocessos políticos observados na Rio+20 chega a ser comparável a essa eloquente confirmação da guinada política iniciada na sombria cúpula de 2002: rebaixar a importância das fronteiras ecológicas que já foram ou estão próximas de ser ultrapassadas, ao promover a ilusão de que apenas um terço do desenvolvimento sustentável dependa de sua base biogeofísica.

Desde 1972, em Estocolmo, a comunidade internacional admitiu que os imperativos nacionais de desenvolvimento e os cuidados ambientais teriam de ser tratados como duas faces da mesma moeda, jamais uma deveria suplantar a outra em negociações multilaterais.

No entanto, a retrospectiva das instituições globais, apresentada nos capítulos 1 e 2, evidenciou o contrário. As ambições desenvolvimentistas foram exageradamente respeitadas em todas as negociações ambientais, como atesta, por exemplo, o desastroso Protocolo de Kyoto. Praticamen-

---

[9] Não tanto na acepção mecanicista de supostos "três pilares", pois tamanho despautério só escapou no subtítulo "Environmental pillar in the context of sustainable development" (seção "C", depois do §86). Mas, com certeza, na aceitação de que o desenvolvimento sustentável tenha três dimensões, bordão que está vinte vezes repetido no texto.

te o inverso ocorreu com a questão ambiental nos entendimentos multilaterais sobre o desenvolvimento, como deixaram bem claro os precários Objetivos de Desenvolvimento do Milênio.

Enquanto o protocolo travou qualquer possibilidade de abordagem prudente da principal ameaça ambiental, a mais importante declaração sobre as perspectivas de desenvolvimento humano para o século XXI desdenhou da seriedade de praticamente todas as fronteiras ecológicas globais.

A questão que se impõe, portanto, é precisamente a que serve de título a este capítulo: como entender, interpretar e, se possível, explicar que, mesmo vinte anos após sua consagração no Rio, a tão celebrada agenda do desenvolvimento sustentável, pomposamente intitulada "Agenda 21", não tenha engendrado um nível sequer razoável de governança? Como entender que um dos princípios fundamentais da Declaração do Rio pudesse ser renegado pela adoção da armadilha dos chamados "três pilares"?

Relações de força

O que mais parece necessário para que se possa chegar a uma adequada interpretação da dinâmica política global que travou a governança do desenvolvimento sustentável é a pesquisa interdisciplinar sobre relações internacionais (RI), que começou a se desenvolver em meio aos escombros da Primeira Guerra Mundial.

O primeiro departamento dedicado ao tema foi criado em 1917 pela Universidade de Aberystwyth, no oeste do País de Gales, com a motivação essencial de estudar as causas da guerra para poder evitá-la no futuro. Estava na presidência dos Estados Unidos desde 1912 o ex-professor de ciência política Woodrow Wilson, que, durante a Primeira Guerra

Mundial, priorizou a missão de levar os valores democráticos liberais a todo o mundo, a começar pela Europa. Foi dele o decisivo papel na Paz de Versalhes e na criação da Liga das Nações, como ressaltado no capítulo 1.

Dada a inconsistência desse projeto, somada à rápida ascensão do nazifascismo na Alemanha, Itália e Japão, nem foi necessário esperar a eclosão da Segunda Guerra Mundial para que uma guinada de 180 graus atingisse a nascente disciplina. Em meados de julho de 1939 foi para a gráfica o impressionante livro de E. H. Carr, *Vinte anos de crise, 1919-1939: uma introdução ao estudo das relações internacionais*. Ele estava em fase de provas quando a guerra foi deflagrada, nos primeiros dias de setembro.[10]

Em pesada crítica à visão normativa anterior, esse livro enfatizou a necessidade de estudar como o mundo funcionava realmente, em vez de especular sobre como ele deveria ser, pecado original dos pioneiros das RI. Nascia assim a teoria "realista", que por muito tempo seria a matriz analítica dominante, tanto para os pensadores como sobretudo para os tomadores de decisões.

Nessa tradição, além de as RI serem essencialmente conflituosas, os Estados sempre acabam em guerra para resolver as diferenças entre os interesses nacionais que representam. Por isso, nada poderia ser mais importante na análise das RI que as questões de segurança nacional e de sobrevivência

---

[10] Cf. o prefácio original do próprio autor: p. xxxvii da segunda edição em português, pela Editora UnB, em 2001. Edward Hallett Carr, diplomata britânico desde 1916, participou da Conferência da Paz de Versalhes e ocupou postos em muitos países antes de assumir a Cadeira Woodrow Wilson de Política Internacional na Universidade de Aberystwyth, em 1936. Desde o início da Segunda Guerra Mundial foi por quase catorze anos editor adjunto do jornal *The Times*. Em 1953 voltou à vida acadêmica para desenvolver vasta obra sobre a União Soviética na Universidade de Cambridge, onde morreu em 1982 aos 90 anos. Ver capítulo 1, nota 3.

estatal. Em decorrência, não haveria como supor que no contexto internacional pudesse existir um progresso cooperativo comparável ao da vida política nacional. O elemento central da teoria realista é, portanto, o poder, ou, mais precisamente, a estabilidade e as alterações das relações de força impostas pelas principais potências, com consentimento ou submissão do restante do mundo.[11]

Depois da Segunda Guerra Mundial, esse padrão realista de análise das RI só poderia ganhar mais força com a rivalidade Ocidente-Oriente polarizada por Estados Unidos e União Soviética na Guerra Fria. Assim, chegou a ser avassaladora a predominância do realismo como abordagem teórica das RI, embora essa teoria já fosse questionada por pesquisas com foco nas relações entre as nações ocidentais.

Estudos sobre o processo de integração regional na Europa, e também sobre o funcionamento positivo das Nações Unidas e das organizações criadas em Bretton Woods, levaram alguns pesquisadores a concluir que as velhas ideias liberais dos pioneiros não podiam ser descartadas como "utópicas", a principal pecha usada por Carr no atestado de nascimento do realismo.

Instituições e cultura

Começou assim a tomar corpo uma matriz teórica concorrente, que apenas algumas décadas depois iria se tornar tão ou mais importante que a realista. Quando terminou a

---

[11] Não há como evitar aqui a ultrassimplificação, tanto nesse perfil do realismo como nos que surgirão mais adiante sobre as outras duas grandes tradições teóricas das RI: a institucionalista e a construtivista. Há explicações bem detalhadas em muitos compêndios, entre os quais: Nogueira e Messari (2005), Jackson e Sorensen (2007), Dunne *et al.* (2007) e Castro (2012).

Guerra Fria, constatou-se que nenhuma das inúmeras "guerras quentes" do período havia ocorrido entre sociedades democráticas. Assim, em ruptura com o realismo, esses pensadores rebeldes foram cada vez mais destacando as amplas possibilidades de cooperação entre os Estados nacionais sempre que houvesse interesses comuns. Ao contrário dos realistas, deram muita importância à efetividade das instituições. Com isso, o melhor rótulo para essa segunda matriz seria "institucionalismo", em vez do frequente emprego da inapropriada expressão "liberalismo" ou, ainda pior, "neoliberalismo", que causa séria confusão com a corrente que dominou a ciência econômica entre os anos 1980 e a crise que teve início em 2007-2008.[12]

Em grande parte da segunda metade do século XX, os estudos de RI foram polarizados pela queda de braço entre realistas e institucionalistas. O que não impediu, contudo, o surgimento tanto de tentativas de conciliação como, em maior número, de críticas radicais aos dois polos. Estas últimas provinham de vozes dissidentes, influenciadas pelo marxismo, pelas ideias da Escola de Frankfurt, ou por debates iniciados em outras disciplinas das humanidades, como o pós-estruturalismo e o pós-modernismo. Foi desse processo periférico, e extremamente confuso, que emergiu uma terceira matriz: o construtivismo.[13]

---

[12] Robert O. Keohane, um dos principais expoentes dessa segunda teoria (se não o principal), publicou em 1995 artigo com Lisa Martin no qual se referem a "institucionalistas liberais", mas não a "neoliberais".

[13] Em muitas apresentações das teorias de RI, o construtivismo ainda aparece como se fosse tão somente uma das variantes de abordagens ditas "pós-positivistas". E não há acordo entre os autores dessas obras sobre a maneira de classificar a "Escola Inglesa", também chamada de "Sociedade Internacional". Aliás, se todas as tendências e ramificações fossem tratadas separadamente, o resultado confirmaria a impressão do "caos teórico" denunciado pelo professor Amado Luiz Cervo (2008). É o

Em vez de privilegiar processos objetivos baseados em relações de força, como no realismo, ou em cooperação, como no institucionalismo, toda a ênfase passa a ser dada às ideias e aos valores dos agentes na construção social das configurações de poderio e dos regimes internacionais que mutuamente se influenciam. A premissa central e comum a todos os construtivistas é que o mundo não é predeterminado, mas sim construído à medida que os atores agem. Essa matriz é tão subjetivista que, em importantes tratados, também é denominada de "cognitivismo".[14]

Embora seja sumária, a apresentação feita acima das três grandes linhagens que coexistem nas pesquisas sobre RI é suficiente para que se pergunte qual delas permitiria a melhor interpretação dos fatos narrados nos capítulos 1 e 2 sobre as governanças globais do desenvolvimento e do meio ambiente.

Ecletismo?

A resposta aqui proposta é que nenhuma dá conta do recado, mas também que nenhuma pode ser rejeitada. Por exemplo: o impasse do regime climático, provocado desde a negociação do Protocolo de Kyoto por choque entre os interesses dos países emergentes e os do grupo de nações que respaldam a posição dos Estados Unidos (JUSSCANNZ), só pode ser entendido pela mobilização prioritária do arsenal realista.

---

caso, por exemplo, do manual introdutório de Dunne *et al.* (2007), que distingue onze "teorias": realismo clássico, realismo estrutural, liberalismo, neoliberalismo, escola inglesa, marxismo (e teoria crítica), construtivismo, feminismo, pós-estruturalismo, pós-colonialismo e mesmo "teoria verde".

[14] Ver Hasenclever *et al.* (1997). Uma exposição dessa matriz está em Adler (1999).

Todavia, no extremo oposto, não poderia existir melhor evidência em favor do institucionalismo do que o estrondoso sucesso do regime do ozônio, especialmente a partir da rodada londrina de junho de 1990.

Da mesma forma, somente com a ajuda do construtivismo se pode entender o formidável papel que teve o PNUMA junto às comunidades epistêmicas que conduziram a formação de todos os regimes ambientais criados a partir da Conferência de Estocolmo, em 1972. As principais convenções foram assinadas apenas na Rio-92, mas nem teriam sido esboçadas sem iniciativas anteriores do PNUMA.

Tais constatações podem levar a pensar que a saída estaria na adoção de mero ecletismo.[15] Todavia, o que elas realmente indicam é a larga distância que separa o conjunto das pesquisas sobre RI do que existe de mais geral — e mesmo de ontológico — na abordagem evolucionária da sociedade.

Tal distância, que praticamente nunca existiu na antropologia e na arqueologia, já começou a ser lentamente reduzida na psicologia, na economia e na história. Mas a redução dessa distância sofre fortíssima resistência na sociologia, provavelmente devido ao "evolucionismo" de Spencer, além do desastroso "darwinismo social". Na verdade, não parece sequer engatinhar na ciência política e nas pesquisas sobre RI.[16]

---

[15] "Eclectic theorizing" é a proposta de pesquisadores que constataram a inutilidade da adesão a alguma das três linhagens, ou a alguma das demais "teorias" ou "escolas" equivocadamente chamadas de "paradigmas". Recente revisão desse imbróglio está em Maliniak *et al.* (2011).

[16] O potencial da teoria evolucionária para as RI permanece ignorado, apesar dos pioneiros esforços de George Modelski, disponíveis na "The Evolutionary World Politics Homepage": <http://faculty.washington.edu/modelski/>, assim como de raros livros: Thompson (2001), Thayer (2004) e Modelski *et al.* (2007). Situação que talvez se altere bastante com a provável influência persuasiva de Fukuyama (2011).

Dá para entender?

No entanto, como a estrutura conceitual do darwinismo é um sistema filosófico, chega ser intrigante que qualquer disciplina mantenha distância do paradigma que resultou de uma das principais revoluções científicas, se não a principal delas.[17]

Alguns dos poucos pesquisadores do século XX que remaram contra a maré segundo a qual o darwinismo apenas faria sentido nas ciências biológicas, deixaram obras de incomparável alcance heurístico — porém tais contribuições, infelizmente, tenderam a ser rejeitadas pelas ortodoxias disciplinares.

Talvez não haja caso mais chocante que o do quase inteiramente esquecido Kenneth Ewart Boulding (1919-1993), doutor *honoris causa* de trinta universidades em disciplinas como economia, ciência política, e também por suas contribuições para o conjunto das humanidades e por suas pesquisas sobre a paz. Com formação inicial em economia, ele fundou em 1954 — com dois biólogos e um matemático — a associação que veio a se tornar a International Society for the Systems Sciences (ISSS).

Ecodinâmica

Dos trinta livros publicados por Boulding entre 1941 e 1993, o mais relevante para uma avaliação das teorias de RI é, sem dúvida, *Ecodynamics: A new theory of societal evolution*, quase todo ele dedicado à evolução da sociedade, após alguns capítulos sobre os outros dois padrões evolucionários:

---

[17] Ver Dossiê "Evolução darwiniana e ciências sociais", *Estudos Avançados*, vol. 22, n° 63, 2008, pp. 245-80.

o físico e o biológico.[18] Além da evolução, lembra Boulding, o outro único processo universal é a segunda lei da termodinâmica, sobre a crescente entropia.[19]

O ponto de partida de sua "nova teoria sobre a evolução societal" é a hereditariedade pela aprendizagem, para a qual criou o neologismo "noogenética", que seria até mais relevante que a "biogenética", pois os processos pelos quais cada geração de seres humanos ensina à seguinte são muito mais importantes que o processo de transmissão dos genes biológicos.[20]

Também não considera provável que haja sérios obstáculos genéticos à aprendizagem, pois são superáveis por técnicas de ensino. Boulding mostra-se convicto de que os limites "biogenéticos" ao aprendizado são raramente atingidos; ao contrário, são os próprios padrões de aprendizagem que se mostram autolimitadores.[21]

Uma das principais diferenças que podem ser identificadas na comparação entre as dinâmicas biológicas e sociais é, evidentemente, a capacidade de desenvolvimento organizacional. A fisiologia e o ciclo de vida nos ancestrais dos insetos sociais e dos seres humanos diferiram fundamentalmente nos caminhos evolutivos seguidos para a formação das sociedades avançadas.[22]

---

[18] Publicado originalmente em 1978, mas bem revisto na edição da Sage Publications Inc., de 1981.

[19] Sobre entropia, ver Cechin (2010) e Georgescu-Roegen (2012).

[20] "The processes by which each generation of human beings learns from the last are far more important than the process by which biological genes are inherited" (Boulding, 1981, p. 123).

[21] "The human mind is a vast ballroom. Most of us paint ourselves into a tiny corner of it because we learn not to learn. It is very rare that we press against the genetically imposed walls" (Boulding, 1981, p. 123).

[22] Análise profunda dessa diferença está em Wilson (2013).

Dá para entender?

Organizadores

Em dinâmicas biológicas não há nada parecido com as atividades humanas que geram suas organizações, chamadas por Boulding de "organizadores sociais". Poder-se-ia evocar as enzimas, mas seria uma analogia demasiadamente precária. Os organizadores sociais são relacionamentos entre dois ou mais indivíduos que levam à criação de grandes redes de hierarquia, dependência e reciprocidade.

Há três grandes classes de organizadores sociais, conforme as bases do relacionamento sejam ameaças, trocas ou integração.

O termo "ameaça" tem dois sentidos e um deles pode causar confusão. Quando se diz que há "ameaça" de algum desastre natural, como algum evento climático extremo, trata-se de uma falsa analogia animista do sentido real desse termo.

Propriamente dita, a ameaça é uma afirmação explícita ou implícita, feita de um para outro, do tipo "você faz algo que eu quero ou farei algo que você não quer". Ou ainda: "você faz algo que eu perceberei como incremento à minha condição ou farei algo que você perceberá como detrimento à sua". Quatro tipos de reações são possíveis à ameaça: submissão, contestação (desafio, drible, blefe), contra-ameaça (dissuasão), e fuga. O exemplo mais óbvio de ameaças entre nações não poderia deixar de ser a corrida armamentista.

Um relacionamento de troca entre duas partes costuma começar com um convite em vez de um desafio. Esse convite pode ser do tipo "você faz algo que eu quero e eu farei algo que você quer", ou simplesmente o famoso "é dando que se recebe". No extremo oposto da ameaça, a troca envolve, é claro, reciprocidade.

Vale lembrar que a troca de mercadorias está na origem da divisão do trabalho e de tudo o que esta gerou como diversificação dos sistemas econômicos. Por isso, além das inter-relações entre produção, consumo, preços e estoques, a ilustração escolhida por Boulding para o seu modelo foi a das inter-relações entre trocas e ameaças, o que o levou a esboçar alguns esquemas básicos da teoria dos jogos.

Bem menos óbvia é a terceira classe de organizadores sociais, denominada pelo autor "sistema integrativo". A ela pertencem todos os tipos de relacionamento que agregam ou desagregam os seres humanos, para além das ameaças e das trocas,[23] muito embora não seja fácil dissociá-los, pois todos os relacionamentos concretos envolvem alguma combinação entre os três sistemas. Mesmo assim, faz sentido separar os padrões de sistemas sociais em "coisa pública" ("polity"), na qual predomina o sistema baseado na ameaça; a economia, na qual prepondera o sistema baseado na troca; e esse terceiro conjunto ("integry"), ocupado por fenômenos que não são essencialmente políticos ou econômicos, como identidade, dom, status, símbolos emotivos e, principalmente, legitimidade.

Afinidades

Com certeza, não é uma simples coincidência a similaridade entre os três "organizadores sociais" de Boulding e as variáveis centrais das três linhagens teóricas que paulatinamente surgiram nas pesquisas sobre relações internacionais:

---

[23] Esses organizadores vão do amor/ódio à identidade/alienação, passando pela piedade/inveja, sociabilidade/misantropia, consentimento/discórdia, legitimidade/ilegitimidade, dominância/subordinação, igualdade/desigualdade etc.

poder, interesses e conhecimento. Dadas as afinidades tão fortes, só se pode pensar que nenhuma delas sozinha seria capaz de apreender as dimensões essenciais das RI. O melhor, portanto, é substituir a competição entre as três escolas por esforços na direção de uma espécie de divisão de trabalho, ou de síntese, como sabiamente concluiu um dos melhores tratados sobre as abordagens teóricas dos regimes.[24]

Nada tem a ver com ecletismo, então, a ideia de mobilizar simultaneamente as três matrizes na análise concreta de uma situação concreta, em vez de escolher uma apenas como "marco teórico". Só pode ser esse o caminho para a compreensão da persistente distância entre as governanças globais do desenvolvimento e do meio ambiente, mais de vinte anos depois da consagração do objetivo de fundi-las no que seria uma governança do desenvolvimento sustentável.

O que realmente muda conforme a questão em análise é o peso relativo de cada uma das três variáveis, o que nem sempre se pode estimar com reduzida margem de erro.

No caso dos acordos de Bretton Woods, por exemplo, tão decisivos para o início da governança do desenvolvimento, seria impossível negar a importância da clarividência e genialidade das propostas britânicas elaboradas por Keynes (ponto para o construtivismo), embora bem alteradas nos dois anos preparatórios para que pudessem ser assumidas pelos Estados Unidos.

É evidente o predomínio das diretrizes de White nos termos do "joint statement" de abril de 1944. As transcrições dos debates no Mount Washington Hotel deixam bem claro que praticamente todos os consensos obtidos resultaram dos entendimentos bilaterais entre a grande potência hegemônica do século XX, os Estados Unidos, e a do século anterior, a Grã-Bretanha (ponto para o realismo).

---

[24] Cf. Hasenclever *et al.* (1997, pp. 211-2).

No entanto, a estrutura normativa e organizacional que viabilizou os trinta gloriosos anos da "Era de Ouro" resultou de inovações que também não teriam sido possíveis sem a intensa cooperação multilateral que envolveu quase todas as 44 nações que legitimaram os acordos e se engajaram na construção do FMI, do BIRD e do GATT. Essa estrutura foi alcançada mesmo com a notável exceção da União Soviética, que se recusou a aderir ao requisito de transparência, que obrigava à comunicação regular de informações econômicas, e, desse modo, não participando das organizações saídas de Bretton Woods, uma decisão tomada por Stálin (1879-1953) (ponto para os institucionalistas).[25]

Covardia

Da mesma forma, a legitimação da ideia de que não existiria um real conflito entre desenvolvimento e meio ambiente — pois seriam dois aspectos "integrais e indivisíveis", conforme Maurice Strong — foi o sentido geral das decisões da Conferência de Estocolmo, que criou o PNUMA, grande protagonista de tudo o que já foi conseguido em termos de governança ambiental global (ponto para os institucionalistas).

No entanto, também é unânime a avaliação de que essa conferência só obteve tanto sucesso porque um ano antes um excelente grupo de intelectuais, reunido em Founex, gerou a plataforma capaz de orientar não apenas os entendimentos entre o Norte e o Sul dos quais dependia a aprovação da Declaração de Estocolmo, mas, sobretudo, praticamente todas as mais importantes convenções e protocolos que estão na base da governança ambiental global (ponto para os construtivistas).

[25] Ver Andrade (2013, p. 7).

Será que se poderia considerar secundário o fato de que os países mais desenvolvidos, a começar pelos Estados Unidos, precisavam responder à fortíssima pressão da opinião pública, e por isso se empenharam na realização dessa conferência proposta pela Suécia? Será que poderiam ser considerados secundários o surpreendente aceite de Chu En-lai e a presença do ainda incipiente G-77, que permitiram elevar a 114 o número de delegações, malgrado o boicote do bloco soviético? Com certeza é impossível compreender a Conferência de Estocolmo sem dar a devida importância a esse cenário geopolítico particular (ponto para o realismo).

Também é verdade que Bretton Woods e a Conferência de Estocolmo são dois exemplos inequívocos de sucesso do multilateralismo. Será que o mesmo raciocínio funcionaria para um caso inverso, como o do impasse sobre a questão da mudança climática?

Chega a ser covardia escolher o regime climático para tentar averiguar o potencial explicativo das matrizes realista, institucionalista e construtivista. Isoladamente elas são tão incapazes de passar no teste que isso levou uma pesquisa mais abrangente, sistemática e minuciosa, coordenada por Eduardo Viola, a não apenas criticar as três matrizes, mas até mesmo a enfatizar a "necessidade de criar um novo arcabouço conceitual para abordar a problemática do clima no âmbito das RI".[26]

Visão ainda mais cética sobre as três matrizes teóricas das RI parece respaldar a análise das duas dramáticas semanas de dezembro de 2009 em que decorreu a COP 15, em Copenhague, proposta pelo outro cientista político brasileiro que mais se dedicou ao tema, Sérgio Abranches. Embora

---

[26] Cf. Viola *et al.* (2013, p. 363).

seu livro esteja repleto de argumentos favoráveis às três matrizes, elas nem de longe são evocadas.[27]

Além disso, na melhor análise sobre o fracasso dos esforços atuais e sobre o que deve ser feito para que ocorra a transição para a economia de baixo carbono, Dieter Helm nem se dá o trabalho de indagar qual seria o debate entre cientistas políticos internacionalistas sobre a evolução do que chamam de regime climático. A taxação do consumo de carbono para investimento mais pesado na busca de tecnologias energéticas que superem a era fóssil, assim como a necessidade de uma transição baseada no gás (natural, de xisto etc.), absolutamente nada tem a ver com o caminho institucional engendrado pelas COPs da Convenção sobre Mudança do Clima.[28]

Por isso, em vez de procurar, dentre as evidências expostas nos capítulos 1 e 2, aquelas que eventualmente poderiam escapar da tríplice determinação das matrizes teóricas de RI — poder, interesses e conhecimento (ou ameaça, troca e integração, na abordagem evolucionária de Boulding) —, é

---

[27] Duas passagens da conclusão merecem registro: "Nem o autor encontrará jamais o conceito perfeito, nem sua orgástica busca de um conceito próprio o ajudará a explicar melhor o fenômeno" [...] "A academia confundiu, irremediavelmente ao que parece, precisão e formalidade. Ser mais formal não significa ser mais preciso. Anda-se trocando a tarefa de compreender e explicar, ainda que tentativamente, mesmo que provisoriamente, pela esmerilação interminável de termos que, ao fim, deixa mais aparas que conteúdo. Afastou-se da clareza" (Abranches, 2010, p. 286).

[28] "For a solution we have to look elsewhere. The practical question is whether these Kyoto-based summits are ultimately even positive. By carrying on a largely fruitless process for years, the need to explore alternatives is not given the priority it deserves. A credible Plan B struggles to get off the ground, whilst world leaders continue to chase the deeply flawed Plan A. Indeed, the negotiating process itself becomes a barrier — and an excuse — for not taking other options seriously" (Helm, 2012, pp. 170-1).

Dá para entender?

mais profícuo retomar a intrigante dúvida anunciada no final do capítulo 3 sobre o "princípio da precaução".

Equívoco

Bem antes de se tornar a essência do 15º Princípio da Declaração do Rio sobre Meio Ambiente e Desenvolvimento, a necessidade de "precaução" havia surgido em legislações nacionais com diversas formulações que variavam muito em termos de obrigatoriedade. As mais lembradas são algumas leis da Suécia e da Alemanha que, desde o início dos anos 1970, continham a ideia de que eventuais perigos para a saúde e para o meio ambiente poderiam exigir certa antecipação de iniciativas para evitá-los, mesmo que as evidências científicas ainda não fossem suficientes para que a probabilidade do risco pudesse ser razoavelmente avaliada.

Essa ideia começou a se insinuar como possível norma legal porque no âmbito da saúde ambiental a pesquisa científica havia demorado muito para comprovar relações de causa e efeito, impedindo que graves atentados aos direitos humanos pudessem ter sido evitados.

O caso mais exemplar, e provavelmente o mais antigo, é o dos estragos causados pela exposição ao amianto (ou asbesto). Apenas no finalzinho do século XX as evidências científicas levaram países europeus a proibir todas as formas de amianto. Essa decisão foi mantida pela OMC em 2001, contra recurso interposto pelo Canadá, um dos principais exportadores do mineral, embora no país seu uso também já estivesse proibido. No entanto, as primeiras suspeitas haviam surgido na Inglaterra, nos últimos anos do século anterior.

Como o mesotelioma, câncer causado pelo contato com o amianto, tem longuíssimo período de incubação, apesar de banido pela União Europeia a expectativa é que por lá essa ainda seja a causa de 250 mil a 400 mil mortes nos próximos 35 anos. Apenas na Holanda, a estimativa é que teriam sido evitadas em torno de 34 mil mortes, além de uma economia de 19 bilhões de euros, se o país tivesse optado pelo banimento desde 1965, quando era plausível, embora não demonstrada, a relação de causa e efeito, em vez de ter esperado até 1993, quando finalmente foi minimizado o grau de incerteza.

O exemplo do amianto é suficiente para que se entenda a base ética e moral da postura favorável à precaução, assim como as dificuldades de transformá-la em norma. A depender de sua formulação, essa regra pode se mostrar paralisante, inaplicável ou inócua. Raciocinando por hipótese: caso a conclusão científica sobre o amianto tivesse sido inversa, sua proibição em situação de incerteza teria engendrado custos mais altos do que os 19 bilhões de euros, sem que nenhuma morte tivesse sido evitada.

Basta pensar, por exemplo, na grande controvérsia sobre os alimentos transgênicos para que se constate a dificuldade prática de aplicação da regra de precaução. Por enquanto é impossível dizer com razoável margem de erro se a melhor aposta foi a da Europa ou a dos Estados Unidos.

Com muito mais razão, somente pode ser entendido como sério equívoco a suposição de que um entendimento global sobre as medidas necessárias para que se evite a violação das fronteiras ecológicas especificadas no capítulo 3 venha a ser obtido por fidelidade e respeito ao 15º Princípio da Declaração do Rio.[29]

Está claro que, em vez do respeito a esse "princípio da precaução", o que mais orienta os passos em negociações

---

[29] Da ampla literatura disponível sobre o "princípio de precaução", merecem destaque a crítica de Sunstein (2003) e o relatório da COMEST (2005).

multilaterais são as estimativas de custo-benefício feitas pelas principais potências, estimativas que incluem, sem dúvida, as pressões advindas de seus contextos políticos internos. Acrescente-se a isso a agravante de que as probabilidades de risco são calculadas para um horizonte temporal de muitas décadas, o que envolve a questão ainda mais complexa da solidariedade com gerações que talvez não sejam sequer as dos tataranetos dos atuais tomadores de decisões.

Nada disso diminui a importância de se perguntar por que, ainda assim, é tão elevado o número de nações que ratificaram a Convenção sobre Mudança do Clima, ou o Protocolo de Cartagena sobre Biossegurança, no âmbito da Convenção da Diversidade Biológica — dois importantes dispositivos que explicitamente incluíram reafirmações do 15º Princípio da Declaração do Rio.

A resposta pode estar nas próprias fórmulas de redação selecionadas. O Protocolo de Cartagena apenas reafirma a versão original da Declaração do Rio, que determina que os Estados respeitem o princípio "de acordo com as suas capacitações". E a Convenção sobre Mudança do Clima foi ainda mais longe ao exigir que políticas e medidas de precaução sejam "eficazes em termos de custo" ("cost-effective"), "de forma a que garantam benefícios globais com o menor custo possível".

Esses acordos existem somente porque, em condições propícias à cooperação multilateral em favor da criação de regimes necessários à governança, seu conteúdo representa o que a interação de tantas nações selecionou entre as possíveis formas de adaptação ao jogo de poderio prevalecente. Além de simultaneamente realista, institucionalista e construtivista, esta simples constatação é, mais do que tudo, evolucionária.

Reciprocidade

É verdade que, no entendimento mais comum da abordagem evolucionária, esse resultado bem diluído do que seria o princípio da precaução deveria ser atribuído exclusivamente à conduta interesseira dos agentes que participam das negociações globais. No entanto, tal estereótipo não corresponde ao consenso que se formou entre cientistas sociais darwinistas, segundo os quais os seres humanos não são inerentemente egoístas ou altruístas.

Na realidade, os humanos se comportam simultaneamente como *cooperadores condicionais* e *castigadores altruístas*, tão predispostos a cooperar com os outros quanto prontos a punir os que violarem as normas dessa cooperação, mesmo em circunstâncias nas quais tenham de assumir custos irrecuperáveis. Esse padrão foi batizado pelos pesquisadores da linha evolucionária de "strong reciprocity".[30]

Isso ajuda a evitar conclusões apocalípticas baseadas na constatação de que a comunidade internacional está incorrendo em forte dose de irresponsabilidade ao subestimar os sinais de violação das fronteiras ecológicas, o chamado "overshooting".

Não há como descartar a possibilidade de que "sanções altruísticas" venham a ser adotadas se prováveis consequências do aquecimento global se confirmarem em catastrófica intensificação dos eventos extremos, muito antes que o *permafrost* comece a exalar o seu metano.[31]

---

[30] Entre os principais analistas desse padrão comportamental destacam-se os economistas Herbert Gintis, Samuel Bowles e Ernst Fehr, o antropólogo Robert Boyd e o psicólogo Joseph Henrich, autores do artigo "Strong reciprocity and the roots of human morality", *Social Justice Research*, vol. 21, nº 2, junho 2008.

[31] Solo encontrado na região do Ártico, o *permafrost* (pergelissolo)

Também é perfeitamente possível que nada parecido precise ocorrer antes da emergência de alguma radical inovação energética, que poderá ter grande influência em mudança pacífica da ordem internacional, desmentindo previsões sobre a inevitabilidade de guerra mundial em meados deste século.[32]

Mas só há interesse nesse tipo de especulação sobre o futuro se de alguma forma puder ajudar a entender por que as evidências científicas resumidas no capítulo 3 ainda exercem pouca influência nos rumos das relações internacionais, sem que isso leve necessariamente a conclusões demasiadamente sombrias sobre o que tal situação anuncia para o futuro da governança global.

é constituído de terra, gelo e rochas permanentemente congelados. Cobre grande reserva de metano, gás estufa trinta vezes mais potente que o dióxido de carbono.

[32] Por exemplo, do fundador da Stratfor, a maior empresa mundial de inteligência: Friedman (2009).

EPÍLOGO

Ainda deve durar muito tempo a desgovernança da sustentabilidade, cujas consequências foram avaliadas nos dois últimos capítulos. E deve durar, sobretudo, porque tal desgovernança resulta do descompasso histórico entre atividade econômica e ordem política. A acelerada globalização da primeira vem sendo acompanhada por inevitável resistência da segunda, devido ao aprofundamento dos processos de soberania nacional, que nem sempre estão sendo acompanhados por avanços da democracia, como deixa patente o caso extremo da China.

Por isso, deve-se supor que, tanto quanto a estabilidade e a paz globais, uma governança efetiva da sustentabilidade dependerá essencialmente da relação que essa nova grande potência mantiver com os Estados Unidos. Como enfatiza Henry Kissinger, uma guerra fria entre esses dois países impediria o progresso por uma geração dos dois lados do Pacífico e disseminaria as disputas por influência nas políticas de cada região, justamente quando questões globais como proliferação nuclear, mudança climática e segurança energética exigem uma intensa cooperação global.

Se tal suposição não estiver equivocada, todos os possíveis avanços de governança global dependerão muito da força que vierem a adquirir os "neoconservadores" americanos e os "triunfalistas" chineses, pois ambos os lados apostam na inevitabilidade do conflito, acreditando que o sonho chinês será forçosamente o pesadelo norte-americano, por mais que seja viável uma ascensão tranquila da China.

A alternativa disponível é a aposta na construção de uma "Comunidade Pacífica", adequada à coevolução da relação sino-americana. Com ela, os dois países poderiam buscar seus imperativos domésticos, cooperando sempre que possível e se ajustando de modo a minimizar o conflito. Um lado não endossaria todos os objetivos do outro, muito menos presumiria total identidade de interesses, mas ambos buscariam identificar e desenvolver interesses complementares.

É fundamentalmente dessa alternativa que depende um acordo no G-20 para que seja destravado o maior de todos os determinantes da sustentabilidade: o processo de descarbonização. Em vez de esperar que em 2015 surja algum consenso sobre metas de redução das emissões dos sistemas produtivos nacionais, aplicáveis somente a partir de 2020, muito melhor seria um acordo sobre a tributação do consumo de carbono, mesmo que restrito aos 45 países que estão no G-20. Tal resolução daria um impulso crucial à inovação tecnológica no âmbito das energias renováveis, enquanto a menos nociva das energias fósseis, o gás, ajudaria nessa transição.

Isso significa que pode ter menos importância do que parece a chamada "trajetória avançada" da União Europeia, Coreia do Sul e Japão, assim como a tendência "conservadora" da Índia e da Rússia, que foram tão enfatizadas por Eduardo Viola e colegas. Incomparavelmente mais importante é saber em que ritmo os Estados Unidos e a China "avançam de forma moderada".

Ainda mais distante da avaliação feita acima está aquilo que Sérgio Abranches considerou em 2010 ser uma "agenda realista, factível e relevante": introduzir no veio multilateral formal da ONU o Acordo de Copenhague, para que fosse fortalecido e aprofundado, como processo voluntário, por adesão, mas que poderia se tornar cada vez mais politicamente vinculante.

O que a governança da sustentabilidade pode sim esperar da ONU é que tenha êxito seu procedimento já em curso para que os Objetivos de Desenvolvimento Sustentável (ODS) venham a substituir, em 2015, os atuais Objetivos de Desenvolvimento do Milênio (ODM), por mais que seja simplesmente impossível saber se tais ODS serão adequados à necessidade de redução das Pegadas Ecológicas do Norte, com simultânea redução das desigualdades socioeconômicas globais. Mesmo na hipótese de que venham a sê-lo, será necessário muito tempo para que comecem a ter impactos efetivos na orientação das políticas nacionais.

Tudo isso parece indicar que, além de ser demasiadamente otimista, pode não ter sentido algum a previsão evocada no prólogo deste livro, segundo a qual uma virada rumo a um mundo sustentável poderia ocorrer em 2020, separando a atual etapa de "turbulência" de uma "época da transformação". O mais provável é que turbulência e transformação continuem em franca simbiose, e que jamais se estabeleça tal alternância ou clara dominância de uma sobre a outra.

TABELAS

Tabela 1
AS TRÊS FRONTEIRAS JÁ TRANSGREDIDAS

Processo do sistema Terra	Parâmetros	Fronteira proposta	Status atual (2009)	Valor pré-industrial
Mudança climática	Concentração atmosférica de dióxido de carbono (partes por milhão em volume)	350	387	280
	Mudança no forçamento radioativo (watts por metro quadrado)	1	1,5	0
Perda de biodiversidade	Taxa de extinção (número de espécies por milhão de espécies por ano)	10	+ de 10	0,1 a 1
Ciclo do nitrogênio	Quantidade de nitrogênio removida da atmosfera para uso humano (milhões de toneladas por ano)	35	121	0

Fonte: Rockström *et al.*, "Planetary boundaries: Exploring the safe operating space for humanity", *Ecology and Society*, 2009b, 14(2): 32 [online] <http://www.ecologyandsociety.org/vol14/iss2/art32/>.

Tabela 2
DUAS FRONTEIRAS SEM DEMARCAÇÃO

Processo do sistema Terra	Parâmetros	Fronteira proposta	Status atual (2009)	Valor pré-industrial
Concentração de aerossol atmosférico	Concentração de partículas em geral na atmosfera, em uma base regional		A ser determinado	
Poluição química	Ex.: quantidade emitida, ou concentração de poluentes orgânicos persistentes, plásticos, desreguladores endócrinos, metais pesados e lixo nuclear no meio ambiente global, ou os efeitos sobre o ecossistema e funcionamento do sistema Terra			

Fonte: Rockström *et al.*, "Planetary boundaries: Exploring the safe operating space for humanity", *Ecology and Society*, 2009b, 14(2): 32 [online] <http://www.ecologyandsociety.org/vol14/iss2/art32/>.

Tabela 3
OUTRAS CINCO FRONTEIRAS GLOBAIS

Processo do sistema Terra	Parâmetros	Fronteira proposta	Status atual (2009)	Valor pré-industrial
Ciclo do fósforo	Quantidade de fósforo fluindo para os oceanos (milhões de toneladas por ano)	11	8,5 a 9,5	-1
Destruição da camada estratosférica de ozônio	Concentração de ozônio (unidade de Dobson)	276	283	290
Acidificação dos oceanos	Saturação global média de aragonita[1] na superfície da água do mar	2,75	2,90	3,44
Uso global de água doce	Consumo de água doce por humanos (km^3 por ano)	4.000	2.600	415
Mudanças no uso da terra	Percentual da superfície de solo global convertido para produção agropecuária	15	11,7	baixa

[1] Aragonita é uma forma cristalina de carbonato de cálcio.
Fonte: Rockström *et al.*, "Planetary boundaries: Exploring the safe operating space for humanity", *Ecology and Society*, 2009b, 14(2): 32 [online] <http://www.ecologyandsociety.org/vol14/iss2/art32/>.

Tabela 4
PEGADA ECOLÓGICA
E BIOCAPACIDADE MUNDIAIS EM 2008
(hectares globais *per capita*)

	Pegada Ecológica hag/pc	Biocapacidade hag/pc
Infraestruturas	0,06	0,06
Pesca	0,10	0,16
Pastoreio	0,21	0,23
Florestas	0,26	0,76
Agricultura	0,59	0,57
Dióxido de carbono	1,47	-
Total	2,70	1,78

Fonte: WWF, *Living Planet Report 2012*, WWF, Gland (Suíça).

Tabela 5
MUDANÇAS NOS NÍVEIS DE INSUMOS MATERIAIS
NA ECONOMIA DO REINO UNIDO
(milhões de toneladas e porcentagens)

	TDE[1]	DMC[2]	TMR[3]
2001	663	700	2.174
2007	557	679	2.091
2009	458	566	1.755
2007 como porcentagem de 2001	84%	97%	96%
2009 como porcentagem de 2001	69%	81%	81%

[1] TDE (*Total Domestic Extraction*) = extração doméstica total.
[2] DMC (*Direct Material Consumption*) = acrescenta importações e deduz exportações, indicando o consumo material direto.
[3] TMR (*Total Material Requirements*) = incorpora estimativas dos materiais utilizados em outros países para produzir os bens importados pelo Reino Unido.
Fonte: Goodall (2011: 5), com base em "Material Flow Accounts for the UK, 1970 to 2009, Office of National Statistics (ONS)".

Tabela 6
ANOS DE PICO NO USO DE OITO INSUMOS
PELA ECONOMIA DO REINO UNIDO

Insumo	Ano
Água[1]	2003-2004
Energia	2001
Lixo[2]	2002-2003
Papel[3]	2000
Alimentos	2002-2003
Carnes	2003-2004
Cimento	1989
Fertilizantes[4]	1985-1987

[1] Inglaterra e País de Gales.
[2] Doméstico e industrial.
[3] E outros produtos que usam a mesma matéria-prima ("wood pulp").
[4] O pico do nitrogênio aconteceu em 1987. O do fosfato foi bem anterior, com um primeiro pico em 1971 e outro, um pouco inferior, em 1985.
Fonte: Goodall (2011), com base em diversas estatísticas.

BIBLIOGRAFIA

ABRAMOVAY, Ricardo (2012). *Muito além da economia verde*. São Paulo: Editora Abril.

ABRANCHES, Sérgio (2010). *Copenhague, antes e depois*. Rio de Janeiro/São Paulo: Civilização Brasileira.

ADLER, Emanuel (1999). "O construtivismo no estudo das relações internacionais". *Lua Nova*, n° 47, agosto, pp. 201-52.

ALMEIDA, Fernando (org.) (2012). *Desenvolvimento sustentável 2012-2050. Visão, rumos e contradições*. Rio de Janeiro: Campus/Elsevier.

ANDRADE, Cyro (2013). "Bretton Woods sem censura". *Valor Econômico*, Caderno EU & Fim de Semana, 4-6 de janeiro, pp. 4-9.

BARNOSKY, Anthony et al. (2012). "Approaching a state shift in Earth's biosphere". *Nature*, vol. 486, pp. 52-8, doi: 10.1038/nature11018.

BENEDICK, Richard Elliot (1991). *Ozone Diplomacy: New directions in safeguarding the planet* (copyright World Wildlife Fund, The Conservation Foundation e Institute for the Study of Diplomacy da Georgetown University). Harvard: Harvard University Press.

BIERMANN, Frank (2012). "Curtain Down and Nothing Settled; Global Sustainability Governance after the 'Rio+20' Earth Summit", *Earth System Governance Working Papers*, n° 26, Earth System Governance Project. Disponível em: <www.earthsystemgovernance.org>.

BIERMANN, Frank e Philipp PATTBERG (orgs.) (2012). *Global Environmental Governance Reconsidered*. Cambridge, Mass.: MIT Press.

BIERMANN, Frank et al. (2012). "Navigating the Anthropocene: Improving Earth System Governance". *Science*, vol. 335, n° 6.074, pp. 1.306-7.

BOULDING, Kenneth E. (1981). *Ecodynamics: A new theory of societal evolution*. 2ª ed. rev. California: Sage Publications Inc. (publicação original *c*. 1978).

BOURGUIGNON, François (2012). *La mondialisation de l'inégalité*. Paris: Seuil.

BRACK, Duncan e Joy HYVARINEN (orgs.) (2002). *Global Environmental Institutions: Perspectives on reform*. Londres: Royal Institute of International Affairs.

BRADFORD, Colin I. e Johannes F. LINN (orgs.) (2007). *Global Governance Reform: Breaking the stalemate*. Washington, DC: Brookings Institution Press.

CARDOSO, Fernando Henrique (2010). *Xadrez internacional e social-democracia*. São Paulo: Paz e Terra.

CARR, Edward H. (2001). *Vinte anos de crise, 1919-1939*. Brasília: Editora da UnB (publicação original c. 1939).

CASTRO, Thales (2012). *Teoria das relações internacionais*. Brasília: Fundação Alexandre de Gusmão.

CEBDS — Conselho Empresarial Brasileiro para o Desenvolvimento Sustentável (2012). *Visão Brasil 2050: a nova agenda para as empresas*. Rio de Janeiro: CEBDS.

CECHIN, Andrei (2010). *A natureza como limite da economia*. São Paulo: Senac/Edusp/Fapesp.

CERVO, Amado Luiz (2008). "Conceitos em relações internacionais". *Revista Brasileira de Política Internacional*, vol. 51, n° 2, pp. 8-25.

CHASEK, Pamela S. e Lynn M. WAGNER (orgs.) (2012). *The Roads from Rio: Lessons learned from twenty years of multilateral environmental negotiations*. Londres: Routledge/RFF Press.

CHEN, Chengxin (2008). "UNEP institutional reform with its impact on developing countries", 12th EADI General Conference, Global Governance for Sustainable Development, Genebra, 24-28 junho.

CHIARETTI, Daniela (2012). "Dá para consertar", entrevista com Jeffrey Sachs. *Valor Econômico*, Caderno EU & Fim de Semana, 2-4 de março.

COMEST — World Commission on the Ethics of Scientific Knowledge and Technology (2005). *The Precautionary Principle*. Paris: UNESCO.

COMISSÃO SOBRE GOVERNANÇA GLOBAL. *Nossa comunidade global. O Relatório da Comissão sobre Governança Global* (1996). São Paulo: Fundação Getúlio Vargas. *Our Global Neighbourhood. The Report of The Commission on Global Governance*. Oxford: Oxford University Press, 1995.

CORRÊA DO LAGO, André Aranha (2006). *Estocolmo, Rio, Joanesburgo: o Brasil e as três conferências ambientais das Nações Unidas.* Brasília: Fundação Alexandre de Gusmão.

COSTANZA, Robert et al. (2012). *Building a Sustainable and Desirable Economy-in-Society-in-Nature.* Nova York: UN, Division for Sustainable Development.

COSTELLO, Mark J.; Robert M. MAY e Nigel E. STORK (2013). "Can we name Earth's species before they go extinct?". *Science*, vol. 339, n° 618, pp. 413-16.

COUTINHO, Luciano (2012). "A dimensão mundial do desenvolvimento", entrevista concedida a Luiz Cláudio Dias Reis. *Rumos*, ano 37, n° 266, pp. 6-8.

DIAMOND, Jared (2005). *Colapso: como as sociedades escolhem o fracasso ou o sucesso.* Rio de Janeiro: Record.

DOSSIÊ "Evolução darwiniana e ciências sociais" (2008). *Estudos Avançados*, vol. 22, n° 63, pp. 245-80.

DUNNE, Tim; Milja KURKI e Steve SMITH (2007). *International Relations Theory: Discipline and diversity.* Oxford: Oxford University Press.

FARDOUST, Shahrokh; Yongbeom KIM e Claudia SEPÚLVEDA (orgs.) (2012). *Postcrisis Growth and Development: A development agenda for the G-20.* Washington, DC: World Bank.

FINKELSTEIN, Lawrence S. (1995). "What is global governance?". *Global Governance*, vol. 1, n° 3, pp. 367-72.

FRIEDMAN, George (2009). *Os próximos 100 anos: uma previsão para o século XXI.* São Paulo: Best Business.

FUKUYAMA, Francis (2011). *The Origins of Political Order.* Nova York: Farrar, Straus and Giroux (trad. bras.: *As origens da ordem política.* Rio de Janeiro: Rocco, 2013).

GARVEY, James (2008). *The Ethics of Climate Change: Right and wrong in a warming world.* Londres: Continuum.

GEORGESCU-ROEGEN, Nicholas (2012). *O decrescimento: entropia, ecologia, economia.* Apresentação e organização de Jacques GRINEVALD e Ivo RENS. São Paulo: Editora Senac.

GILDING, Paul (2011). *The Great Disrupton: Why the climate crisis will bring on the end of shopping and the birth of a new world.* Nova York: Bloomsbury Press.

GINTIS, Herbert; Joseph HENRICH; Samuel BOWLES; Robert BOYD e Ernst FEHR (2008). "Strong reciprocity and the roots of human morality". *Social Justice Research*, vol. 21, n° 2, junho. Disponível em: <http://www.umass.edu/preferen/gintis/SocJusticeRes.pdf>.

GLADWELL, Malcolm (2000). *The Tipping Point*. Londres: Little Brown (trad. bras.: *O ponto da virada*. Rio de Janeiro: Sextante, 2009).

GONÇALVES, Alcindo (2011). "Governança global", parte I de Alcindo GONÇALVES e José Augusto FONTOURA COSTA, *Governança global e regimes internacionais*. São Paulo: Almedina, pp. 13-115.

GOODALL, Chris (2011). "*'Peak Stuff'*: Did the UK reach a maximum use of material resources in the early part of the last decade?", 13 de outubro. Disponível em: <http://www.carboncommentary.com/wp--content/uploads/2011/10/Peak_Stuff_17.10.11.pdf>.

HAAS, Peter M. (1990). *Saving the Mediterranean: The politics of international environmental cooperation*. Nova York: Columbia University Press.

HAAS, Peter M.; Robert O. KEOHANE e Marc A. LEVY (orgs.) (1993). *Institutions for the Earth: Sources of effective international environmental protection*. Cambridge, Mass.: The MIT Press.

HAMMOUDA, Ben e Sadni JALLAB (2011). *Le G20 e les défis de la gouvernance globale*. Bruxelas: De Boeck.

HASENCLEVER, Andreas; Peter MAYER e Volker RITTBERGER (1997). *Theories of International Regimes*. Cambridge: Cambridge University Press.

HEINBERG, Richard (2011). *The End of Growth: Adapting to our new economic reality*. Gabriola Island, Canada: New Society. Disponível em: <http://www.carboncommentary.com/wp-content/uploads/2011/10/Peak_Stuff_17.10.11.pdf>.

HELM, Dieter (2012). *The Carbon Crunch: How we're getting climate change wrong — and how to fix it*. Connecticut: Yale University Press.

HYVARINEN, Joy e Duncan BRACK (2000). *Global Environmental Institutions: Analysis and options for change*. Londres: Royal Institute of International Affairs.

IUCN-UNEP-WWF — International Union for Conservation of Nature and Natural Resources; United Nations Environment Programme; WWF (1980). *World Conservation Strategy — Living Resource Conservation for Sustainable Development*. Gland: IUCN.

IVANOVA, Maria (2005). *Can the Anchor Hold? Rethinking the United Nations environment programme for the 21st century.* Connecticut: Yale School of Forestry e Environmental Studies (Report number 7).

JACKSON, Robert e Georg SORENSEN (2007). *Introdução às relações internacionais.* Rio de Janeiro: Zahar.

JACKSON, Tim (2009). *Prosperity Without Growth.* Londres: Earthscan.

KEOHANE, Robert O. e Lisa L. MARTIN (1995). "The promise of institutionalist theory", *International Security*, vol. 20, n° 1, pp. 39-51.

KISSINGER, Henry (2011). *Sobre a China.* Rio de Janeiro: Objetiva.

LE PRESTRE, Philippe (2005). *Ecopolítica internacional.* 2ª ed. São Paulo: Editora Senac.

LE PRESTRE, Philippe (org.) (2011). *Vingt ans après: Rio et l'avant goût de l'avenir.* Quebec: Presses de l'Université Laval.

LÉNA, Philippe e Elimar P. do NASCIMENTO (orgs.) (2012). *Enfrentando os limites do crescimento: sustentabilidade, decrescimento e prosperidade.* Rio de Janeiro: Garamond.

LINDENMAYER, D. B.; G. E. LIKENS; C. J. KREBS e R. J. HOBBS (2010). "Improved probability of detection of ecological 'surprises'". *PNAS*, vol. 107, n° 51, pp. 21.957-62.

LOVELOCK, James (2006). *A vingança de Gaia.* Rio de Janeiro: Intrínseca.

LYNAS, Mark (2009). "How do I know China wrecked the Copenhagen deal? I was in the room". *The Guardian*, 22 de dezembro.

LYNAS, Mark (2011). *The God Species: How the planet can survive the age of humans.* Londres: Fourth Estate.

MALINIAK, Daniel; Amy OAKES; Susan PETTERSON e Michael TIERNEY (2011). "International relations in the US Academy". *International Studies Quarterly*, 55, pp. 437-64.

MARTENSON, Chris (2011). *The Crash Course: The unsustainable future of our economy, energy and environment.* Nova Jersey: John Wiley e Sons, Inc.

MATIAS, Eduardo Felipe P. (2005). *A humanidade e suas fronteiras: do Estado soberano à sociedade global.* São Paulo: Paz e Terra.

McCUTCHEON, Robert (1979). *Limits of a Modern World: A study of the 'Limits to Growth' debate.* Science in a Social Context. Londres: Butterworth.

McMICHAEL, Philip (2012). *Development and Social Change: A global perspective*. 5ª ed. California: Sage Publications Inc.

MEADOWS, Donella H.; Dennis L. MEADOWS, Jorgen RANDERS e William W. BEHRENS III (1972). *The Limits to Growth: A report for the Club of Rome's Project on the Predicament of Mankind*. Nova York: Universe Books (edição de bolso pela New America Library, outubro de 1972).

MEADOWS, Donella H.; Dennis L. MEADOWS e Jorgen RANDERS (1992). *Beyond the Limits*. Vermont, USA: Chelsea Green Publishing Company.

MEADOWS, Donella H.; Dennis L. MEADOWS e Jorgen RANDERS (2004). *Limits to Growth: The 30-year update*. Vermont, USA: Chelsea Green Publishing Company.

MILLENIUM ECOSYSTEM ASSESSMENT (2005). *Ecosystems and Human Well-Being: Synthesis*. Washington, DC: Island Press. (copyright 2005 World Resources Institute).

MODELSKI, George; Tessaleno DEVEZAS e William R. THOMPSON (2007). *Globalization as Evolutionary Process: Modeling global change*. Londres: Routledge.

NAJAM, Adil (2002). "The case against GEO, WEO, or whatever-else-EO". In: Duncan BRACK e Joy HYVARINEN (orgs.), *Global Environmental Institutions: Perspectives on reform*. Londres: The Royal Institute of International Affairs, pp. 32-43.

NOGUEIRA, João Pontes e Nizar MESSARI (2005). *Teorias das relações internacionais: correntes e debates*. Rio de Janeiro: Campus/Elsevier.

NORGARD, Jørgen Stig; John PEET e Kristín Vala RAGNARSDÓTTIR (2010). "The history of *The Limits to Growth*", *Solutions*, vol. 1, nº 2, pp. 59-63.

ONU, DESA (Departamento de Assuntos Econômicos e Sociais da ONU), PNUD (UNDP) (2012). "UN System Task-Team on the post-2015 UN Development Agenda: Realizing the future we want for all". Report to the Secretary-General. Nova York: United Nations.

ONU, PNUD (UNDP) (1999). *Environmental Perspective to the Year 2000 and Beyond*. Nova York: United Nations.

ONU, PNUD (UNDP) (2011). *Sustentabilidade e equidade: um futuro melhor para todos*. Relatório do Desenvolvimento Humano. Nova York: United Nations.

ONU, PNUMA (UNEP) (2011). *Decoupling National Resource Use and Environmental Impacts from Economic Growth*. Nova York: United Nations.

ONU, WCED (1987). *United Nations. Report of the World Commission on Environment and Development. Our Common Future*. Nova York: United Nations.

PEARCE, Fred (2012). "Peak planet: Are we starting to consume less?". *New Scientist*, 2.869, 20 June. Disponível em: <http://www.newscientist.com/article/dn21886-peak-planet-are-we-starting-to-consume-less.html>.

PEARSON, Lester B. (1969). *Partners in Development*. California: ABC--Clio/Praeger.

PNAS. Número especial. (2009). "Tipping Elements in Earth Systems — Special Feature", *Proceedings of the National Academy of Sciences of the United States of America*, vol. 106, n° 49, 8 de dezembro de 2009. Disponível em: <www.pnas.org_cgi_doi_10.1073_pnas.0911106106>.

PRZEWORSKI, Adam (2012). "Democracy, Redistribution, and Equality". *Brazilian Political Science Review*, vol. 6, n° 1, pp. 11-36.

RECHKEMMER, Andreas (org.) (2005). *UNEO — Towards an International Environment Organization: Approaches to a sustainable reform of global environment governance*. Baden-Baden: Nomos.

REES, William E. (1992). "Ecological footprints and appropriated carrying capacity: What urban economics leaves out". *Environment and Urbanisation*, vol. 4, n° 2, pp. 121-30.

RIBEIRO, Wagner Costa (org.) (2012). *Governança da ordem ambiental internacional e inclusão social*. São Paulo: Annablume.

RIST, Gilbert (1997). *The History of Development: From Western origins to global faith*. Londres: ZED Books.

ROCKSTRÖM, Johan e Anders WIJKMAN (2012). *Bankrupting Nature: Denying our planetary boundaries*. Londres: Routledge.

ROCKSTRÖM, Johan *et al*. (2009a). "A safe operating space for humanity". *Nature*, vol. 461, pp. 472-5.

ROCKSTRÖM, Johan *et al*. (2009b). "Planetary boundaries: Exploring the safe operating space for humanity". *Ecology and Society*, vol. 14, n° 2, p. 32.

RODRIK, Dani (2011). *The Globalization Paradox: Democracy and the future of the world economy*. Nova York: W. W. Norton.

ROSENAU, James N. e Ernest-Otto CZEMPIEL (orgs.) (2000). *Governança sem governo: ordem e transformação na política mundial*. Brasília: Editora da UnB (publicação original *c.* 1992).

ROWLAND, Wade (1973). *The plot to save the world*. Toronto: Clarke, Irwin e Co. Ltd.

RUGGIE, Hohn Gerard (org.) (1993). *Multilateralism Matters: The theory and praxis of an institutional form*. Nova York: Columbia University Press.

SCHRÖDER, Heike (2001). *Negotiating the Kyoto Protocol: An analysis of negotiation dynamics in international negotiations*. Münster: LIT.

SCHULER, Kurt e Andrew ROSENBERG (2012). *The Bretton Woods Transcripts*. Nova York: Center for Financial Stability (CFS).

SMIL, Vaclav (2004). *Enriching the Earth: Fritz Harber, Carl Bosch and the transformation of world food production*. Cambridge, Mass.: The MIT Press.

SOHN, Louis B. (1973). "The Stockholm Declaration on the Human Environment". *The Harvard International Law Journal*, vol. 14, n° 3, pp. 422-515.

SORRELL, Steve (2007). *The Rebound Effect: An assessment of the evidence for economic-wide energy savings from improved energy efficiency*. Londres: Sussex Energy Group.

SOUBBOTINA, Tatyana P. e Katherine A. SHERAM (2000). *Beyond Economic Growth: Meeting the challenges of global development*. Washington, DC: World Bank.

SPETH, James Gustave e Peter M. HAAS (2006). *Global Environmental Governance*. Washington, DC: Island Press.

SUNSTEIN, Cass R. (2003). "Beyond the precautionary principle". *University of Pennsylvania Law Review*, vol. 151, n° 1.003, pp. 1003-58.

SUNSTEIN, Cass R. (2007). "Of Montreal and Kyoto: A tale of two protocols". *Harvard Environmental Law Review*, vol. 31, n° 1, pp. 1-65.

SWART, Lydia e Estelle PERRY (orgs.) (2007). *Global Environmental Governance: Perspectives on the current debate*. Nova York: Center for UN Reform Education.

TALEB, Nassim Nicholas (2011). *A lógica do Cisne Negro: o impacto do altamente improvável*. 5ª ed. Rio de Janeiro: Best Seller (publicação original *c.* 2007).

THAYER, Bradley A. (2004). *Darwin and International Relations*. Lexington: The University of Kentucky.

THE COMMONWEALTH SECRETARIAT (1983). *Towards a New Bretton Woods: Challenges for the world financial and trading system*. Londres: The Commonwealth Secretariat.

THOMPSON, William R. (org.) (2001). *Evolutionary Interpretations of World Politics*. Londres: Taylor and Francis Group.

TOLBA, Mostafa K. e Iwona RUMMEL-BULSKA (1998). *Global Environmental Diplomacy: Negotiating environmental agreements for the world, 1973-1992*. Cambridge, Mass.: The MIT Press.

TURNER, Graham (2005). "A comparison of the *Limits to Growth* with 30 years of reality". Commonwealth Scientific and Industrial Research Organization. Camberra, Austrália: CSIRO. Disponível em: <http://www.csiro.au/files/files/plje.pdf>.

UL HAQ, Mahbub; Richard JOLLY, Paul STREETEN e Khadija HAQ (1995). *The UN and the Bretton Woods Institutions: New challenges for the twenty-first century*. Londres: MacMillan.

VEIGA, José Eli da (2011). "Canibais insistem em não usar todos os talheres dos civilizados", resenha do livro *Sustentabilidade: canibais com garfo e faca*, de John ELKINGTON (São Paulo: M. Books, 2012). *Valor Econômico*, 27 de setembro, p. D10.

VIOLA, Eduardo; Matías FRANCHINI e Thais Lemos RIBEIRO (2013). *Sistema internacional de hegemonia conservadora: governança global e democracia na era da crise climática*. São Paulo: Annablume.

WACKERNAGEL, Mathis e William E. REES (1996). *Our Ecological Footprint: Reducing human impact on the Earth*. Gabriola Island, Canada: New Society Press.

WBCSD — World Business Council for Sustainable Development (2010). *Vision 2050: The new agenda for business*. Genebra: WBCSD.

WILKINSON, Richard e Kate PICKETT (2009). *The Spirit Level*. Nova York: Bloomsbury Press.

WILSON, Edward O. (2013). *A conquista social da Terra*. São Paulo: Companhia das Letras (*c*. 2012).

WORLD BANK (2012). *Inclusive Green Growth: The Pathway to Sustainable Development*. Washington, DC: World Bank.

WRI — World Resources Institute (2005). *Millenium Ecosystems Assessment — Ecosystems and Human Well-Being: Synthesis*. Washington, DC: Island Press.

WWF (2012). *Living Planet Report 2012*. WWF International. Gland: IUCN.

WWF e The Zoological Society of London (2012). *The Living Planet Index Database*. Disponível em: <http://www.zsl.org/science/research-projects/lpi,1162,AR.html>.

YOUNG, Oran R. (1989). *International Cooperation: Building regimes for natural resources and the environment*. Ithaca, NY: Cornell University Press.

YOUNG, Oran R. (1994). *International Governance: Protecting the environment in a stateless society*. Ithaca, NY: Cornell University Press.

AGRADECIMENTOS

O autor registra sua profunda gratidão a Rosane Taruhn, bibliotecária do IRI-USP, por seu apoio, e a Roberto Smeraldi, Ricardo Abramovay, Eduardo Felipe P. Matias, Cristina Catunda, Leandra Gonçalves e à equipe da Editora 34, por suas úteis sugestões — o que não significa que concordem ou se responsabilizem pelo resultado final, é claro.

SOBRE O AUTOR

José Eli da Veiga nasceu em São Paulo, em 1948. É professor titular da Universidade de São Paulo (USP), pesquisador de seu Núcleo de Economia Socioambiental (NESA), e orientador em dois programas de pós-graduação: Relações Internacionais (IRI-USP) e Instituto de Pesquisas Ecológicas (IPÊ). Além de artigos em periódicos científicos nacionais e estrangeiros, e diversos capítulos de obras coletivas, publicou 22 livros, entre os quais: *Sustentabilidade: a legitimação de um novo valor* (Senac SP, 2010); *Mundo em transe* (Autores Associados, 2008); *Desenvolvimento sustentável: que bicho é esse?*, com Lia Zatz (Autores Associados, 2008); *A emergência socioambiental* (Senac SP, 2007); *Meio ambiente & desenvolvimento* (Senac SP, 2006); e *Desenvolvimento sustentável: o desafio do século XXI* (Garamond, 2005). É colaborador das colunas de opinião do jornal *Valor Econômico* e da revista *Página 22*.

Página web: <http://www.zeeli.pro.br>.

Este livro foi composto em Sabon, pela
Bracher & Malta, com CTP do Estúdio
ABC e impressão da Bartira Gráfica e
Editora em papel Pólen Soft 80 g/m² da
Cia. Suzano de Papel e Celulose para a
Editora 34, em maio de 2013.